中国现代出版家论著丛书

主编 郝振省

陕西出版资金资助项目

隔 膜

叶圣陶 著

西北大学出版社

作者简介

叶圣陶，原名叶绍钧，字秉臣、圣陶，1894年10月28日生于江苏苏州，现代作家、教育家、文学出版家和社会活动家，有"优秀的语言艺术家"之称。

1907年，考入草桥中学。1916年，进上海商务印书馆附设尚公学校执教，推出第一个童话故事《稻草人》。1918年，发表第一篇白话小说《春宴琐谭》。1923年，发表长篇小说《倪焕之》。

1949年后，先后出任教育部副部长、人民教育出版社社长和总编、中华全国文学艺术界联合委员会委员、中国作家协会顾问、中央文史研究馆馆长、中华人民共和国全国政协副主席，第一、二、三、四、五届全国人民代表大会常务委员会委员，民进中央主席。1983年当选为第六届全国政协副主席。是第一至四届全国人大代表、第五届全国人大常委，第一届全国政协委员、第五届全国政协常委。 1988年2月16日在北京逝世，享年94岁。

编辑说明

　　叶圣陶是当代著名作家、教育家、文学出版家和社会活动家。他20世纪一二十年代发表了许多白话小说，文风质朴，词语简明，影响很大。《隔膜》就是他1922年在商务印书馆出版的短篇小说集。

　　这次整理重版，改原版竖排繁体字为横排简体字，改正了异体字、俗体字等，核改了一些错讹文字，在不影响文意的前提下，依现今规范替换了文中一些字词，以方便今天读者的阅读。

总 序

　　"中国现代出版家论著丛书"，选集张元济等中国现代出版拓荒者14人之代表性作品19部，展示他们为中国现代出版奠基所作出的拓荒性成就和贡献。这套书由策划到编辑出版已有近六个年头了，遴选搜寻作品颇费周折，繁简转化及符合现今阅读习惯之编辑加工亦费时较多。经过多方努力，现在终于要问世了，作为该书的主编，我确实有责任用心地写几句话，对作者、编者和读者有个交代。尽管自己在这个领域里并不是特别有话语权。

　　首先想要交代的是这套选集编辑出版的背景是什么，必要性在哪里？很可能不少读者朋友，看到这些论著者的名字：张元济、王云五、陆费逵、钱君匋、邹韬奋、叶圣陶等会产生一种错觉：是不是又在"炒冷饭"，又在"朝三暮四"或者"朝四暮三"？如此而然，对作者则是一种失敬，对读者则完全是一种损失，就会让笔者为编者感到羞愧。而事情恰恰相反，西北大学出版社的同仁们用心是良苦的，选编的角度是精准的，是很注意"供给侧改革"的。就实际生活而言，对待任何事物，怕的就是"一叶障目，不见泰山"，怕的就是浮光掠影，道听途说；怕的就是想当然，而不尽然。对待出版物亦是这样，更是这样。确实不少整理性出版物、资料性出版物，属于少投入、多产出的克隆性出版；属于既保险、又赚线的懒人哲学？而这套论著确有它独到的价值。论著者不是那种"两耳不闻窗外事，闭门只读圣贤书"的出版家，而是关注中华民族命运，焦急民族发展困境的一批进步知识分子。他们面对着国家的积贫积弱，民众的一盘散沙，生活的饥寒交迫，列强的大举入侵，和"道德人心"的传统文化与知识体系不能拯救中国的危局，在西学东渐，重塑知识体系的过程中，固守着民族优秀文化的品格，秉承"为国难而牺牲，为文化而奋斗"的使命，整理国故，传承经典，评介新知，昌明教育，开启民智，发表了一系列的论著，为我们国家和民族的现代出版文化事业进行了拓荒性奠基。如果再往历史的深层追溯，不难看出，他们身上所体现的代表中国传统知识分子心胸与志向的使命追求，正如北宋思想家张载所倡言的："为天地立心，为生民立命，为往圣继绝学，为万世开太平"。我们为中华民族这些前仆后继、生生不息的思想家们肃然起敬。以张元济等为代表的民国进步出版家们，作为现代出版文化的拓荒奠基者，其实就是一批忧国忧民的思想大家、文化大家。挖掘、整理、选萃他们的出版文化思想，其实就是我们今天继承和弘扬优秀传统文化的必然之举，也是为新时代实现古今会通、中西结合的创造性转化与创新性发展提供借鉴的必须之举。

不仅如此，这套论著丛书的出版价值还在于作者是民国时期我们这个国家和民族最有代表性的一个文化群体，一批立足于出版的文化大家和思想大家；14位民国出版家的19部作品中，有相当部分未曾出版，具有重要的填补史料空白的性质，对于这个领域的研究者、耕耘者都是一笔十分重要的文化财富之集聚。通过对拓荒和奠基了中国现代出版事业的这些出版家部分重要作品的刊布，让我们了解这些出版家所特有的文化理念、文化视野、人文情怀，反思现在出版人对经济效益的过度追求，而忘记出版人的文化使命与精神追求等等现象。

　　之所以愿意出任该套论著丛书的主编还有一层考虑在里面。这些现代出版事业拓荒奠基的出版家们，其实也是一批彪炳于史册的编辑名家与编辑大家。他们几乎都有编辑方面的极深造诣与杰出成就。作为中国编辑学会的会长，也特别想从中寻觅和探究一位伟大的编辑家，他的作派应该是怎样的一种风格。张元济先生的《校史随笔》其实就是他编辑史学图书的原态轨迹；王云五的《新目录学的一角落》其实就是编辑工作的一方面集大成之结果；邹韬奋的《经历》中，就包含着他从事编辑工作的心血智慧；张静庐的《在出版界二十年》也不乏他的编辑职业之体验；陆费逵的《教育文存》、章锡琛的《<文史通义>选注》、周振甫的《诗词例话》等都有着他们作为一代编辑家的风采与灼见；赵家璧的三部论著中有两部干脆就是讲编辑故事的，一部是《编辑忆旧》，一部是《编辑生涯忆鲁迅》，其实鲁迅也是一位伟大的编辑家。只要你能认真地读进去，你就会发现一位职业编辑做到极致就会成为一位学者或名家，进而成为大思想家、大文化家，编辑最有条件成为思想家、文化家。"近水楼台先得月，就看识月不识月"。我们的编辑同仁难道不应该从中得到启发吗？难道我们不应该为自己编辑职业的神圣性而感到由衷的自豪与骄傲吗？

　　这套丛书真正读进去的话，容易使人联想到正是这一批民国时期我国现代出版事业的拓荒者和奠基者，现代出版文化的开创者与建树者，为西学东渐，为文明传承，作出了巨大的历史性贡献。他们昌明教育、开启民智的出版努力，他们所举办的现代书、报、刊社及其载体实际上成为马克思主义向中国传输的重要通道，成为中西文化发展交融的重要枢纽，成为当时的中国先进知识分子寻求和探究救国、救民真理的重要精神园地。甚至现代出版事业的快速发展与现代出版文化的初步形成，乃是中国共产党成立、诞生的重要思想文化渊源。一些早期共产党人就是在他们旗下的出版企业担任编辑出版工作的，有的还是他们所在出版单位的作者或签约作者。更多的早期共产党人正是受到他们的感染和影响，出书、办报、办刊而走上职业革命道路的。从这个意义上讲，我们对民国出版家及其拓荒性论著的价值的重视还很不够。而这套论著丛书恰恰可以对这个问题有所补救，我们为什么不认真一读呢？

是为序。

郝振省

2018.3.20

序

顾颉刚

圣陶集了几年来作的小说二十篇，付文学会刊入丛书，教我作一篇序。我与圣陶是最早的同学，他的思想与艺术，十分之七八，我都看见晓得。我虽则没做过文艺的研究，不能说明他的小说在文艺界上的地位，可是要作一篇序来说明他的思想的本质，与他所以作小说的背景，自以为我是最适宜了。

圣陶小时候，与我住在同巷。二十世纪的第一年，我九岁，他八岁，我们就在一处私塾读书。那时的情形，我现在已想不大起；只记得圣陶颇欢喜做些玩物，背着先生戏弄。他同我说的话，还记得一句：他说，"我会把象牙做朝版，你要我做吗？"象牙朝版他当然没有做过；但他看见了道士手里握的一块，便兴起了自己创作的念头，这是可信的。

他比我早进一年中学。我进中学时，他正是刻图章，写篆字最有兴味的当儿。记得那时看见他手里拿的一把大折扇，扇上写满了许多小小的篆字，我看了他的匀净工整，觉得很是羡慕。后来他极欢喜作诗。当时同学里差不多没有一个会作诗的，他屡屡的教导我们，于是中学校里就结合了一个诗会，叫做"放社"。但别人的想象和表出，总不能像他那般的深细，做出来的东西总是直率得很，所以我们甘心推他做盟主。

他毕业后写给我的信，屡次把诗词来替代，开缄时往往只见一首长诗，或四五首的律诗。他的诗并不雕琢字面，也不堆砌典故，也不模仿哪一家，只是活泼泼的表情写景。现在就掇拾的方便，录出一首。

游拙政园

纤雨值休辰，园游恣幽赏。

迥沼抱南轩，几窗爱净朗。

小坐神忽清，喻之言难想。

环顾卉树森，浓绿弥众象。

稀处现楼台，微风动帘幌。

一声鹧鸪啼，忽焉聆繁响：

乃如蟹爬沙，雨急敲林莽。

此境益静寂，空山或可仿。

颉公燕都归，听雨谈抵掌：

直北是长安，冠盖属朋党。

白日妖霾现，杀人弃沟壤。

鸡鸣上客尊，狗苟公道枉。

豪游金买笑，乞怜血殷颡。

嗟哉行路难，触处是肮脏。

何当谢世虑，摄心息俯仰？

寄情孰所乐，高歌慨以慷！

帝力鼓大化，谁省我所往？

辞终各无言，看水倚轩幌：

初荷碧玉盘，水珠滚三两。

（民国二年七月二日）

圣陶对于文艺，没有一种不欢喜。他常要学雕刻，可怜这件事在中国是没有一点机会的，至今只落得一个想望。又常想看戏做戏，但苏州既没有机会，上海又没有力量去。元年九月，我到上海，看了戏告他；他答我道：

"此事余并无阅历，而自信有理想上之境界。"（民国元年九月五日）

"君于戏剧，与我同一为少有经验；然观君之评剧，……即我未聆此曲，未睹此剧之人之意，与君亦有同意。可知剧固无所谓佳不佳，惟近情者乃佳耳！余尝听人谈剧，而知剧中固多不近情者。彼演剧者亦同是人，何以乃作不近情之剧也？余与君之所见，余常以为近情；苟献身舞台，或亦不失为名伶也。"（民国元年九月七日）

后来他到了甪直，提议在学校里造了一个戏台，自编了剧本，每逢星期三演作一次，这事的伏脉就在那时了。

他家境很清贫，使他不能专向文艺方面走。他中学毕业后，就在苏州城里充做初等小学的教师。他的性情，原是和小学生聚得下淘的，无奈学生以外的人逼着他失掉了职业上的兴趣，所以他觉得很苦。他写信给我道：

"做教师之无味，不在学生之不好，乃在同事之讲不落言话，调查视学之'像煞有介事'。坐是二者，我乃一肚皮的不高兴！"（民国元年十二月二十二日）

又道：

> "昨倚栏干观鞋匠之工作，一刹那间，感想
> 潮涌：以为以正当之腕力，做正当之事业，及其成
> 功，当有无限快乐。所谓正当，系指实际而言；世
> 间之伦理思想之所云，则非我所指也。如彼鞋匠，
> 我力能以为鞋，则别无他之假借，他之思虑，抽其
> 麻丝，持其皮刀为之不已；一鞋告成，此时之乐为
> 何如哉！与我相较，则我必始托人引荐；得业矣，
> 又必规规于课程；修身也，必有崇拜；同事也，必
> 作寒暄；省县视学来，又必受牵制：百不自由。
> '因'既非正当，何得有正当之'果'！视彼制
> 鞋人，羡之不已，效之无才，复自叹耳！……"
> （民国二年一月十一日）

那时候，圣陶精神上苦痛极了；他自己文艺上的才具既不能发
展，教育上的意见又不能见实诸行；称他的心，实要丢掉了教
师，投身做工匠去。果然到后来，为了和同事视学不能沆瀣一
气，于民国三年的秋间，给他们排挤去了！

圣陶想象的丰富，描写的精细，自中学时期以至民国三
年，都可在他的诗里寻出。他欢喜逢人就侦察他们的心理，代
他们设想，这在他给我的信上也可见到几条。那时他虽未作小
说，然而做小说的动机与兴味即在于此了。他说：

> "日坐茶寮，同学辈刺刺谈政党内阁不
> 休。……一入政党便富于感情；某某党三字之于
> 人，何其有如许神通也！然于广座之中，默聆各人
> 之言论，即可以侦知其隶何党籍。小试侦探术，亦
> 一消遣法已。"（民国二年五月十日）

　　"看上海各报，……虽明知其为肚里新闻，自撰专电，荒唐论说，而我辈看他如何想法撰法，则亦未始非趣事。"（民国二年五月二十三日）

　　"独至鹤园，茗于携鹤草堂，乃得少舒其意志。修发少年，傍镜自窥其首；盛妆佳丽，逢人故正其眸；热客谈时，涎珠飞越；老翁说古，意态横生：我从旁静观，皆具妙相。"（民国二年八月二十八日）

假使他早作了几年的小说，这种"政党热"和"园游兴致"——民国元二年间苏州特盛的娱乐，——必然充做了他笔下的材料了。

　　圣陶与小说最早的因缘，大约是中学校里把伊尔文《见闻杂记》做英文课本。那时，他读了几篇《妻》和《大梦》，便去练习翻译。到后来，又读了些旧小说，报纸上的小说也很留意。当时作者以苏曼殊的笔致为最干净，所以他的《断鸿零雁记》等，圣陶每从《太平洋报》上抄录下来。他刚任小学教员时，酷想把自己的环境和心神作一部很长的自传，前后写了二万字；但教科太忙，不曾作完。元年暑假里，有一家报馆向他要稿子，他想用白话体作一种理想小说，名唤《世界》，所说乃无国界无金钱以后之世界；拟逐日写千余字，一百天左右登完。但那家报馆筹办了长久，转瞬开学，他也不能做了。直到三年秋间受挤去职之后，他方始有了闲暇，努力发展。所苦的，他受经济的逼迫更厉害了，他只得作了许多短篇小说投寄《礼拜六》及《新闻报》等。他曾写信给我道：

> "如今为金钱计，日节一二小时为出卖之文，
> 凡可以得酬的皆寄之。……然为文而至此，亦无赖
> 之尤者矣！"（民国三年九月二十日）

> "吾今弄些零用，还必勉强写几句。然吾却
> 亦自定宗旨：不作言情体，不打诳语；虽不免装点
> 附会，而要有其本事，庶合于街谈巷议之伦。……
> 总之，吾有一语誓之君前曰，吾决非愿为文丐者
> 也！"（民国三年十一月十三日）

读此，可见圣陶极不愿拿文艺来敷衍生计。他不肯打诳语，必
要有其本事，便可知道他的宗旨在写实，不在虚构，和那时盛
行的艳情滑稽各派是合不拢来的。

圣陶因为自己所抱的宗旨与时流不合，所以对于当时的
小说界很抱悲观。他在三年冬间，曾作了一篇《正小说》，把
流行文字批评一下。这篇文字，他做好了就寄到一家杂志里
去，我没有看见。现在抄出他来信的数则做个代表：

> "近来小说……皆一丘之貉。出场总有一段
> 写景文字：月如何也，云如何也。云月之情万殊，
> 诗人兴咏，灵心独运；而今之小说中所描写之云月
> 乃无弗同！其语句：如谓女才则曰'诵唐诗琅琅上
> 口，此某家不栉进士。'《聊斋志异》中，此等语
> 虽非常见，然统观全书，亦且厌其老调；今乃无篇
> 不然矣！公园春游，男女邂逅，三语未终，便是求
> 婚。其后非阻于父母，即梗于离乱；中间约略点缀
> 几句伤离怨别之套语，便自诩极文字之波澜，尽言
> 情之能事矣！今世风行，言情独盛；言情之作，尤
> 多老调：夫岂作者读者均弗怪为老调耶？抑亦人心

淫佚，乐闻郑卫之音，温馨心上，以为'慰情聊胜
无'之意耳！弹词家所唱盲词，人有两句以括之
曰：'私定终身后花园，落难公子中状元。'今之
小说，亦此类已！"（民国三年十一月二十一日）

"今之小说，可谓皆自抄袭得来。苟指出某篇
出于某书，且不胜其繁。或则窃取旧小说之一毛一
发，便足命题成篇。至其语句之同，更不可数。只
得谓彼辈熟读小说，故成语如流而赴也！"（同上）

那时，他所作的小说有《博徒之儿》《姑恶》《飞絮沾泥
录》《终南捷径》等篇，都是摹写黑暗社会的作品。

到民国五年，旧同学吴宾若君在苏州东南甪直乡做高等
小学校长，招圣陶担任教科。这时候，他在城里的许多痛苦受
不到了，旧教育讨厌的地方也可以商量改革了。回忆他做城里
教师时，有一信给我道：

"唯念于教师职务得少尽精力，使醇醇诸稚展发
神辉，亦此生一乐。虽今日所呈现象每不满昨日之所
怀，所幸心存希望，即是一缕动机；此机勃发，或有
美满光明之时也！"（民国二年十月十二日）

此种希望，在城里固因种种牵制不能达到，但到了乡下却很
可自由措施了。他在这几年里，胸中充满着希望，常常很快
乐的告诉我他们学校的改革情形。他们学校里，立农场，开
商店，造戏台，设备博览馆，有几课不用书本，用语体文教
授，……几年内一步步的做去，到如今都告成功了。这固是圣
陶的一堂同事都有革新的倾向，所以进步如此其快，但圣陶是
想象最锐敏的，他常常拿新的意见来提倡讨论，使全校感受到
他的影响，这是无可疑的。

自五年到现在，六年之间，他没有离开过甪直。八年，又把全家搬了过去，从此他做了甪直人了，他每天所到的地方，只有家庭及学校，而这两处都充满了爱的精神，把他浸润在爱的空气里。于是，他把民国四年以前的悲观都丢掉了，从不再说短气的话。社会的黑暗，他住在乡间，看见的也较少了。于是他作的小说，渐渐把描写黑暗的移到描写光明上去了。

民国七年间，《新青年》杂志提倡国语文学极有力量。但那时新体小说只有译文，没有创作。圣陶禁不住了，当《新潮》杂志出版时，他就草了《一生》一篇寄去，随后又陆续作了好几篇。可喜《新潮》里从事创作的，还有汪缉斋、俞平伯诸君，一期总有二三篇，和圣陶的文字，竟造成了创作的风气。去年，他的短篇小说愈做愈多了。今年，更加入《晨报》及《小说月报》，很奋勉的做去；所发表的文字，都是读者逐次看见的。

这几年来，他常有信给我，论小说界的现状，及他著作小说的感情和兴味。可惜许多信札都不在手头。他在《晨报》上发表的《文艺谈》，我处也没有，不能把这些摘录出来。他最近有信给我，道：

> "我有一种空想，人与人的隔膜不是自然的，不可破的。我没有什么理由，只是一种信念罢了。这一层膜，是有所为而遮盖着的；待到不必需的时候，大家自然会赤裸裸地相见。到时，各人相见以心不是相见以貌。我没有别的能力，单想从小说里略微将此义与人以暗示。……"（民国十年五月三十日）

这是圣陶近来做小说的宗旨。他所以表现的这种微妙的爱，并不是求在象征主义中占得一席地，只是要把惨酷的社会徐徐的转变！

圣陶做的小说，决不是敷衍文字，必定自己有了事实的感情，著作的兴味，方始动笔；既动笔则便直写，也不甚改窜。换句话说，他的小说完全出于情之所不容已，丝毫假借不得的。要说明这件事，且得举一例。原来不会做小说的人，逢到一件奇事，或者自己有了什么悲观，就以为是很好的小说材料，去请求会做小说的人和他代做。我之对于圣陶，就有这样的几回：但他从没有依过我；或者说，"等我酝酿成熟了再讲吧！"我几次的愿望虽没有成遂，但我并不恨他的没情面，反而深敬他的不苟且。这几年的信，不幸不在手头，不能征引。我且把他对于诗上的话引了，也可以作一个推证。我于民国二年间，在海道中作了几首诗，因为自己有不惬意的地方，请他改窜，又请他和作。他答我的信说道：

> "诗不可改，前人已屡言之。盖诗在偶拾，改则遂同斧凿，生趣且立尽。我诗于成时即不改窜。有功夫改，何不另作乎？君如欲改，还请自改！"
> （民国二年五月一日）

> "至于和作则尤所不可。我未渡海，何以能说得出什么！苟强为之，不将如前代之赋秦宫汉殿耶？是以竟不和已！"（民国二年五月二日）

这番话说得何等的决绝！这便是圣陶一切创作都能使精神饱满的缘故。

　　这回文学会集刊丛书，便把圣陶三年来的小说刻了一集。这本集子，是汇刊个人的新体小说的第一部，是很可纪念的。圣陶往年极羡慕的鞋匠生涯，于今成就了：这二十篇文字，便是二十双鞋子。想他鞋子告成时的乐趣，已经经过了二十回了！我祝颂圣陶，从今以后，永永在工作的时候，即是永永在快乐的时候。到他老年时，看着这最先的二十双鞋子，就是毕生事业的起点，当更觉得发生珍重的心思了。

　　圣陶因为里边有一篇唤做《隔膜》，也就把他做了全集的名字。但我以为这个名目不大好。因为集里固然有几篇——如《一生》《一个朋友》《隔膜》——是从骨子里看出人与人之冥漠无情的，但《母》《伊和他》《小病》《低能儿》诸篇，把人类心情的相通相感之境写得美满极了，况且圣陶做小说的趋势，又向不隔膜方面进行：怎能把小部分去赅括全体呢！要是圣陶永远过民国四年前的生活，所做的小说只向社会的黑暗方面描写，那么，这一集唤做《隔膜》，是确之又确的。现在他的学校与家庭都成了爱的世界，别种无情的社会他也没有加入，他的生活是再不隔膜没有了。所以我劝他改名《微笑》，来表达这交互紫感的心神。

　　我所以为圣陶作这篇序，有两种缘故。一、圣陶所交的师友，没有一个是拿了文艺来诱掖他进入这范围的；但他不以没有诱掖之故，便衰颓了志气，终是独行孤往，求之不懈；到底，别人也多受他的同化了。至于他遭值的时候，在其创作初期，社会上只把文艺当消遣品看，小说更是所谓"倡优同畜"的东西，而他那时独能以"描写物情宣达社会隐潜"为宗旨；到了现在，他的艺术手腕更高超了。从此两事，都可见圣陶具有文艺的天才；他便是不生今世，不作小说，他的事业也必向文艺方面发展，造成美满的成绩。我做这序的第一义，就是要说明他是一个文艺的天才。二、历来的学问家文艺家，别人替他作传，多在暮年或身后，所采集的材料，多半是享了盛名以后的，至于早年的思想行事，早已佚去，无从寻补。然而一生的基础，就在早年，我们若是要深知一个人的性情学业，这早年的事实必不应轻轻略过。圣陶要是能奋勉的修养和工作下去的，将来的事实自为人所易见，必有为他做详传的人，我们不必豫虑，单是现在以前的事，若不由我介绍，势将无人晓得。我作这序的第二义，便是搜集他早年的思想行事，来备将来的文献。

但是我极抱歉，他的信札，我粘贴在册上的，只有民国元年至三年，而三年的上半年又觅不到。其余的信札，都捆置在京寓，不便取览。所以记他的事实，只有两年半间是他亲笔告我的话。我将来如能把他的信札都聚合拢来，等这书再版时，或他出第二集时，加上一篇续序，这最是我的愿望。

1921年7月10日上午1时

目 录

这也是一个人

　　伊生在农家，没有享过"呼婢唤女""傅粉施朱"的福气，也没有受过"三从四德""自由平等"的教训，简直是很简单的一个动物。伊自出母胎，生长到会说话会行动的时候，就帮着父母拾些稻稿，挑些野菜。到了十五岁，伊父母便把伊嫁了。因为伊早晚总是别人家的人，多留一年，便多破费一年的穿吃零用，倒不如早早把伊嫁了，免得白掷了自己的心思财力，替人家长财产。伊夫家呢，本来田务忙碌，要雇人帮助，如今把伊娶了，即不能省一个帮佣，也得抵半条耕牛。伊嫁了不上一年，就生了个孩子，伊也莫名其妙，只觉得自己睡在母亲怀里还是昨天的事，如今自己是抱孩儿的人了。伊的孩子没有摇篮睡，没有柔软的衣服穿，没有清气阳光充足的地方住，连睡在伊的怀里也只有晚上睡觉的时候才得享受，白天只睡在黑魆魆的屋角里。不到半岁，他就死了。伊哭得不可开交，只觉以前从没这么伤心过。伊婆婆说伊不会领小孩，好好一个孙儿被伊糟蹋死了，实在可恨。伊公公说伊命硬，招不牢子息，怎不绝了我一门的嗣。伊丈夫却没别的话说，止说要是在赌场里百战百胜，便死十个儿子也不关我事。伊听了也不去想这些话是什么意思，只是朝晚地哭。

有一天伊发见了新奇的事了：开开板箱，那嫁时的几件青布大袄不知哪里去了。后来伊丈夫喝醉了，自己说是他当掉的。冬天来得很快。几阵西风吹得人彻骨地冷。伊大着胆央求丈夫把布袄赎回来，却吃了两个巴掌。原来伊吃丈夫的巴掌早经习以为常，唯一的了局便是哭。这一天伊又哭了。伊婆婆喊道，"再哭！一家人家给你哭完了！"伊听了更不住地哭。婆婆动了怒，拉起捣衣的杵在伊背上抽了几下。伊丈夫还加上两巴掌。

这一番伊吃得苦太重了。想到明天，后天，……将来，不由得害怕起来。明天朝晨天还没亮透，伊轻轻地走了出来，私幸伊丈夫还没醒。西风像刀，吹到脸上很痛，但是伊觉得比吃丈夫的巴掌痛得轻些，就也满足了。一口气跑了十几里路，到了一条河边，才停了脚步。这条河里是有航船经过的。

等了好久，航船经过了，伊就上了船，那些乘客好似个个会催眠术的，一见了伊，便知道是在家里受了气，私自逃走的。他们对伊说道："总是你自己没长进，才使家里人和你生气。即使他们委屈了你，你是年幼小娘，总该忍耐一二。这么使性子，碰不起，苦还有得吃！况且如今逃了出去，靠傍谁呢？不如乘原船归去罢。"伊听了不答应，只低着头不响。众客便有些不耐烦。一个道："不知伊想的什么心思，论不定还约下了汉子同走！"众人便哗笑起来。伊也不去管他们。

伊进了城，寻到一家荐头。荐头把伊荐到一家人家当佣妇。伊的新生活从此开始了：虽也是一天到晚地操作，却没下田耕作这么费力，又没人说伊，骂伊，打伊，便觉得眼前的境地非常舒服，永远不愿更换了。伊唯一的不快，就是夜半梦醒时思念伊已死的孩子。

一天，伊到市上买东西，遇见一个人，心里就老大不自在，这个人是村里的邻居。不到三天，就发生影响了：伊公公已寻了来。开口便嚷道："你会逃，如今寻到了，可再能逃？你若是乖觉的，快跟我回去！"伊听了不敢开口，奔到里面，伏在主妇的背后，只是发呆。主妇便唤伊公公进来对他说："你媳妇为我家帮佣，此刻约期还没满，怎能去？"伊公公无可辩论只得狠狠地叮嘱伊道："期满了赶紧归家！倘若再逃，我家也不要你了，你逃到哪里，就在哪里卖掉你，或是打折你的腿！"

伊觉得这舒服的境地，转眼就成空虚的，非常舍不得。想到将来……更害怕起来。这几天里眼睛就肿了，饭就吃不下了，事也就做不动了。主人知道伊的情况，心想如今的法律，请求离婚，并不繁难，便问伊道："可情愿和夫家断绝？"伊答道："哪有不愿？"主人便代伊草了个呈子，把种种以往的事实，和如今的心愿，都叙述明白，预备呈请县长替伊作主。主妇却说道："替伊请求离婚，固然很好，但伊不一定永久做我家帮佣的。一旦伊离开了我家，又没别人家雇伊，那时候伊便怎样？论情呢，母家原该收留伊，但是伊的母家可能办到？"主人听了主妇的话，把一腔侠情冷了下来，只说一声"无可奈何！"

隔几天，伊父亲来了，是伊公公叫他来的。主妇问他："可有救你女儿的法子？"他答道："既做人家的媳妇，要打要骂，概由人家，我怎能作得主？我如今单是传伊公公的话，叫伊回去罢了。"但是伊仗着主妇的回护，没有跟伊父亲同走。

后来伊家公婆托邻居进城的带个口信，说伊丈夫正害病，要伊回去服侍。伊心里只是怕回，主妇就替伊回绝了。

过了四天，伊父亲又来了。对伊说："你的丈夫害病死了，再不回去，我可担当不起。你须得跟我走！"主妇也说："这一番你只得回去了。否则你家的人就会打到这里来。"伊见眼前的人没一个不叫伊回去，心想这一番必然应该回去了。但总是害怕，总是不愿意。

伊到了家里，见丈夫直僵僵地躺在床上，心里很有些儿悲伤。但也想，他是骂我打我的。伊公婆也不叫伊哭，也不叫伊服孝，却领伊到一家人家，受了二十千钱，把伊卖了。伊的父亲，公公，婆婆，都以为这个办法是应当的，他们心里原有个成例：不种了田，便卖耕牛。伊是一条牛——一样地不该有自己的主见——如今用不着了，便该卖掉。把伊的身价充伊丈夫的殓费，便是伊最后的义务。

1919年2月14日写毕
收入作者编的集子时曾改名《一生》

春 游

这一天是很好的天气，缓和的东南风一阵阵送过来，野花都微微颤头。河面承着天空的青翠和太阳的光亮，差不多一片白银的广场，镶嵌着许多碧玉——因为绉着又细又软的波纹。湖旁的田里，麦已长得有二三寸了。几个农夫农妇靠着河边，把船里载来的肥料运到储蓄肥料的潭里。他们只顾工作，都默不作声，仿佛只有一个人在那里似的，又仿佛是几件机械在那里动。湖的那一岸，一带的山又清秀，又静穆。这一幅画图是天然的，然而没有人赞它好，只有树上的小鸟从这枝飞到那枝，侧着头，望一会野景，便清清脆脆地叫几声，唱它们赞美春景的歌。

一男一女从田岸上远远走来。他俩约摸三十左右年纪。那男子深目，高颊，两颧瘦削，很表示一种固执自尊的态度。那女子的容貌很是普通，什么地方都可寻到伊的模型，伊是和顺而且柔弱。他俩随意说笑，玩赏那春景，非常快活；但是伊更快活的便是依着伊的丈夫出游——这是难得的事。他们俩走到湖边，足力微觉乏了，看地上绿草干净得很，就坐下来歇息。

伊的生活很简单，又很不自然。伊幼年的时候所看惯的，是家里和亲戚家的几位太太奶奶小姐们，她们没理想，没行为，衣食居息，奉行故事，伊就得了榜样。伊嫁了丈夫！生活史上便起了个变更，伊觉得丈夫是人类里最高贵的，自己应当服从他——因为他爱着伊。他是个文士，主撰一种女子杂志，做些社论，总带着"夫妇之义，犹君臣也"这句话的色彩。还编了什么《香奁杂缀》《美人谱》……载在他杂志上，自以为"惊才绝艳"。这些文字里的话头伊也听得懂，非但懂，而且佩服，而且确信。伊丈夫快乐的时候，便是伊快乐的时候。有时伊丈夫不快乐，伊便担了心，想出种种方法引他丢掉那烦恼。不一会，目的果达，伊也快乐了。这一天，伊丈夫携伊野游，一路谈笑，非常高兴，所以伊也高兴得了不得。

伊坐在草地上，伊丈夫指点着四围景物告诉伊说，这是什么山，这是什么树。伊却不去留心丈夫那些话，心中突呈一种奇异的感想，自己也不晓得是什么，不过晓得这感想超出以前所历的快乐之上。伊望着湖面，空阔光明，波澜微绉，那可爱的纹，决非人工可以织得成的。伊望着山，一派清气，像要渡湖送过来。山影倒入湖里，娟媚而且庄严，像那司美术的神在那里凌波游戏。这个当儿，伊把已往的生活忘了，伊把当年几位太太奶奶小姐们的榜样，和盘踞脑海里的丈夫的威仪言论都忘了。伊把自己也忘了，伊只觉得眼前的景物自然，活泼，高洁，自己早和这自然，活泼，高洁融和了。伊那感想深印脑筋，容貌上便显出一种快乐强毅的神采——从前不曾有的。伊的丈夫还当伊因跟着自己出游所以快活，实则此刻是不然了。

春游的事情过去了。伊的生活依然如故，没有变。然而伊那感想永永牢记。根据着伊那感想，也不能说伊的生活没有变更。

1919年3月19日写毕

两封回信

　　他寻常写封信，右手握着笔，便快快地移动，——头微微地侧着，有时舌端舐着上唇——从头至尾，决没有一刻停留，下一会思索的工夫。现在这封信，他觉得关系的重大，什么都比不上。自己是怎么一种心情，要借这封信去传达；怎么一种言语，应该显露在这封信上？他自己简直糊糊涂涂，弄不明白。他早上晚上睡在床上的时候，脑子里的想念和大海里的波浪一般，继续不断，而且同时并作。他总希望有一个波平浪息的时候，这变动迁流的海，顿时化为智慧的泉源，能够去解决他那糊涂不明白的疑问；可是永永做不到。他自己想，不写这封信吧；但是又觉得有一种伟大而不可抵抗的力迫促着他，仿佛说，"你要使你的灵魂有归宿，你要认识生命的真意义，非写这一封信不可"。他屡次被这个使令催促着，自觉拗它不过，这一天硬着头皮，决定写这一封信，但是他那疑问终竟还没解决。写是决定写了，然而写什么呢？因此他寻常写信很迅速的惯技，此刻竟有了例外。

　　暖烘烘的阳光从半开的窗帘里射进来，熏得他有些醉了。窗外墙上，开满了红的蔷薇花，微风吹着，时有二三花片寂寂地落下。蜂儿从花心里飞出来，发出一种催眠的声音——这是唯一的声音了，此外只有他自己能够听得血脉的跳动。他这时候什么都像在梦里，环绕他的四周，他也辨不出是美丽，是闲适，或者是无聊，是沉寂；只对于将要写的这一封信的受信人艳羡，爱慕，想象，猜度……总而言之，种种心的现象都集中在伊身上了。

他那紊乱茫昧的思念，实在不容易抽出一个头绪来；蜂儿催眠的声音越来越响，仿佛有意来扰乱他的思路。映到他眼睛里，只有一幅印着美丽的小花的信笺，承着太阳，反射出光彩的白，像是个晴光万里的大海。但是他没有指南针，打从哪个方向去呢？

他知道涵青失败的事实：原来涵青先曾写信给伊。后来得伊一封回信，大略的意思是"你情愿爱护我，珍惜我，永永不改，直到有生命的最后一刻，可是我不是笼子里的画眉，花盆里的蕙兰。你的见解错了！"涵青就此绝望了。

他想涵青这样的爱慕，是世俗的，卑下的，不光明的，不人道的，这封回信正是他最适宜接受的一种教训。他又想我倘若去信，也要得类似的回信么？这个怎么担当得起？同时那伟大而不可抵抗的力又在那里鼓舞着他道，"你岂是和涵青一样的心思？你要使你的灵魂有归宿，你要认识生命的真意义，非写这一封信不可"。他才迷迷糊糊地自信，以为失败是决不会逢到的，只须写就这封信，便是成功的第一阶级。但是怎么写呢？写什么呢？

蜂儿催眠的声音依旧响着。蔷薇枝上飞来了几只小鸟。它们修剔着自己的羽毛，相对叫一会。这声音清脆美妙，合着自然的呼吸，又表出玄秘的恋爱。叫了一会，有一只回头看一看它的伴侣，自己先飞到别枝上去。其余几只也就振翅跟着。花枝受了震动，花片零零乱乱地落下来。他依旧握着笔，对着信笺出神，益发觉得沉沉如醉。那思想的引导者——理智——深深潜伏，绝对不能做他的帮助。可是那伟大而不可抵抗的力独给他充量的帮助，非但迫促他，鼓舞他，而且指导他了。他辨认那印着美丽的小花的信笺，仿佛有许多真挚的情思，华妙的辞令在上边。他那握着笔的右手快快地移动了；和他平时的神态一样，头微微地侧着，舌端舐着上唇。

　　三天之后，他得到回信了。这封回信，他十二分的热望着；但是又很惧怕接着它，因而懊悔，不该冒昧去信。然而回信终竟来了。里面大概说："你的见解错了！你看我做超人，我自知并不是超人，而且谁都不是超人。我只是和一切人类平等的一个'人'罢了。你要求超人容留你的灵魂，我既不是超人，怎能容留你的灵魂？"

1920年5月16日写毕
原题《你的见解错了》

欢　迎

搬运行李货物的工人，露出他们筋肉坟起的手腕，推着小铁轮的车子，像机器一般地向月台走来，那铁轮碾地的声音高亢而烦躁，引起人不快的感觉。旅客都守着他们自己的东西，站在月台的边沿；他们一会儿弯着身子，侧着头，向西面眺望，目力尽处，那平行的铁轨交于一点，成为一线，这时候还不见有火车来；一会儿又收转身子，很注意地看着自己摆在地上的东西。有几个客人提了提箱，在密排着的人丛中挤向前去，因此这个人阵就起了轻微而不停的波动。

对面的月台上，一样有许多人站着，都是来候他们的亲戚朋友从将到的这一趟车里下来的。

"杜威是哪一国人？"一个绅士模样的人——目眶深陷，脸皮带着青色，两颊和口的四围满被着乌黑的短胡，——向他一同站着的七个人中一个少年问道。

"他是美国人，"那少年随口回答。他那平滑的脸上微微露出轻视的笑。

其余六个人都是绅士模样，齐现出和那少年同样的微笑。那发问的人听了少年的回答非常满意，捻着他颔下的短胡出神。

汽笛的声音听见了。车轮和铁轨磨擦的声音也听见了。浓黑的烟在西面一线的轨道上涌起来了。两面月台上排着的人顿时波浪一般地移动，混乱的噪音笼罩着车站的全部。

火车停在两个月台的中间，车厢里走下许多旅客。他们携着行李，同着伴侣，都急急欲赶出车站，趋他们的目的地；或者因为坐车倦了，赶紧要出站舒一舒腿力，透一透气；有几个预知有人来等候的，便停着步，向人丛里搜寻他们的亲戚朋友。这时候杜威先生和两个同伴也从车上下来，正在寻人。刚才谈话的那个少年和他七个同伴便迎上去。少年向杜威先生说了几句欢迎的话，说的是中国话，他的脸微微红着。其外七个人很局促的站着，脸也微微红着。杜威先生答了几句，由他的一位同伴译给他们听。他们并不注意听，只依旧红着了脸。

上车的客都上了；下车的客都散了。汽笛响了响，车轮又徐徐转动，载着车箱往东去了。车站上一切清静，微风吹着丛开的羊肠菊摇动，小工也喝茶去了，——和平常日子每回车过之后没什么两样。

一个园里的一个厅，壁上挂着黝暗的对联画幅；玻璃书橱里藏着一部《图书集成》，纸色如新，可以见得从没有人翻过；居中一张大红木炕床；两旁四只茶几，陈设在六把椅子的中间，那椅子深而且大，可以容三个人并坐；靠墙桌子上，陈列着几件古铜尊彝，上边点缀着翠绿的斑。已经斜了的阳光透不到深邃的厅里，便觉这个厅幽寂，沉郁，像什么地方的一个古物陈列所。

一个人在这巨大的炕床上躺着，眼睛欲阖未阖，只剩一线，一定忘了他到这里来的原故了。他的国货草帽摆在炕几上，马褂全卸了钮扣。深黄的面色，眼眶和口的四围有很深的皱纹，是他的特征。

刚才在车站欢迎杜威先生的少年，寻寻觅觅的模样，闯进厅来，见了炕床上躺着的人，便喊道："子兄，只你一个人在这里么？"

"来了么？"躺着的人闻声，突然竖了起来，搓着眼睛说。

少年就坐在六把椅子的第一把里，不住的扇着扇子，一面喘着气。随后取出烟匣，燃了一支香烟吸着，才答道："没有哩。"

"他们到哪里去了？"那人重又坐下，钮着他马褂的钮扣。

"我们迎了杜威先生，他要看看这里的公共事业。我们想学校医院，各地都有，算不得特色，就引他去看清节堂。"

"他看了说些什么？"那人听了很感兴味，所以用极沉着的声音发问，两目直注少年，眼眶的皱纹更为显著。

"我们对他说：'这里的妇女，进来之后，永不出去。这都是本邑几位前辈先生的苦心孤诣，才成就了这一桩善举。'他听了一位先生的翻译，很注意又很慈悯地问道：'他们既然永久住在这里，他们的儿女怎样呢？'我们回答："都带进来住。'他益发注意，声音更为悱恻动人，问道：'那么他们儿女的教育怎样呢？'亏得逊老心思灵捷，回答说："有个为他们特设的学校。'其实只有个私塾，教学生念《学》《庸》呢……"

那人带着笑容连连点头，口的四围的皱纹也更加显著起来。停了一会，又问道："他们现在在哪里？"

"他们又引他去看普济堂了。我因为要到这里来招呼欢迎的人，所以先来，那知只遇着你一个。"

"他明天演讲，不知讲些什么？"那人自言自语。

"大约不过自动主义罢了，"少年也自言自语。香烟的灰积了一寸光景，经了振动，寂寂地落在少年的雪青熟罗衫上。

天色晚了，厅里聚了五六十人，彼此不能够细认面目。不知哪一个人说了一声"来了！"大家就赶忙走到对面一个戏厅里去。那戏厅一共三间，许多人分为两起，站立在旁边两间预备着一排排的座头的前面。

正中一间，靠近戏台，横摆着一只大菜桌，桌上铺着台毯，供着三瓶花。居中和戏台同一方向，摆一只可容三人的大红木椅子。左右两旁，各设两个座头，椅子却比较的小了，两横头各设两椅——和数十人将要坐的同一式样，是广漆的单靠。

戏厅里时时闻得陈腐东西的臭气，还可听得像蚊一般细碎的说话声。

皮鞋着地的声音从回廊里送来，大家便噤住了声，齐回转头去看。

杜威先生和他的同伴走了进来。

大家立得非常恭敬，头也不回转去了，气息也不使他发声，但斜睨着这位奇异的来客，不能了解的来客，显出一种好奇，猜测，懔栗的态度。

杜威先生立停了，那双深沉的眼睛看着大众，不晓得他们是什么一回事。他觉得立在人丛里没意思，便和同伴退到古物陈列所里，靠近墙壁，看挂着的书画。大家待他转了身，全身方才轻松了好些，无数的目光也跟着送出那戏厅，脚还站着不动。

又隔了二十分钟，才有人请杜威先生坐在戏台前大红木椅子里。两旁和两横头的座头，自然是先生的同伴和几个绅士模样的人坐了。大众也朝着戏台坐了。

问题发生了，谁致欢迎词呢？大家用极细的语音交头接耳，推了半晌，方才由坐在横头的一个绅士起立，用中国话说了几句普通的颂扬语，声音低而细，或者他旁边的人可以听见。他说完了，也没有人译给他们所欢迎的人听。

杜威先生知是欢迎的话，便发出恳挚的语音作答。他的大意是"我知你们这里是历史上文化先进的地方，所以很愿意到这里来。你们能根据了这一点，使文化永永持续，进步，才是你们的光荣，也是我的私愿。"

照相师在外面喃喃地说："日光快没了，要拍照须得赶紧。"

大家便拥着杜威先生到园庭里，排着高低簇齐的五排。照相师手忙脚乱对了光，胡乱开了镜头。这算留了个永久的纪念了。

1920年7月2日写毕

伊和他

　　温和慈爱的灯光照在伊丰满浑圆的脸上。伊的灵活有光的眼直注在小孩——伊右手围住他的小腿，左手指抚摩他柔软的短发——的全身，自顶至踵无不周遍，伊的心神渗透了他全身了。他有柔滑如脂的皮肤，嫩藕似的臂腕，肥美鲜红的双颐，澄清晶莹的眼睛，微低的鼻，小小的口；他刚才满两岁。伊抱他在怀里，伊就抱住了全世界，认识了全生命了。

　　他经伊抚摩头发，回头看着伊，他脸上显呈出来的意象，仿佛一朵将开的花。他就回转身来跪在伊怀里，举起两只小手捧着伊丰满的面庞，还将自己的面庞凑上去偎贴着，叫道，"妈！"小手不住的在伊脸上轻轻的摩着，拍着。这是何等的爱，何等的自然，何等的无思虑，何等的妙美难言！

　　钟摆的声音格外清脆，发出一种均匀的调子，给人家一个记号，指示那生命经历的"真时"，不绝的在那里变化长进。伊和他正是这个记号所要指示的，他们的生命，他们的爱，他们爱的生命，正在那里绵延的迅速的进化哩。

　　他的小眼睛忽然被桌上一个镇纸的玻璃球吸住了，他的面庞便离开了伊的，重又回转身去，取球在手里。"红的……花！白的……花！"他指着球里嵌着的花纹，相着伊又相着花纹，全神贯注的，十分喜悦的告诉伊。他的小灵魂真个开了花了。

"你喜欢这花呀。"伊很真诚的吻他的肩，紧紧的依贴着不动。

他将球旋转着，他小眼睛里的花刻刻有个新的姿态。他的小口开了，嘻嘻的笑个不住。伊仍旧伏着看他，仍旧不动。

"天上……红的……云，白的……云，红的……星，白的……星，"他说着，一臂直伸，指着窗前，身体望侧倾斜，"妈！那边去。"伊就站了起来，抱他到窗前。一天的月光正和大地接吻；温和到极点，慈爱到极点。不可言说。

"天上有亮么？"伊发柔和美妙的声音问。

"那边，亮。一个……星！两个……星！四个星！六个星！十一个星！两个星……"

一只恋月的小鸟展开双翅在空碧的海里浮着，离开月儿远了，又折转来浮近去，充量呼吸那大自然的恩惠。

那小鸟又印入了他澄清晶莹的小眼睛里了。他格外的兴奋，举起他握球的小手，"一个……蜻蜓。……来！……捉它！"就将球掷去。那球抛起不到五寸就下坠，打着在伊左眼的上角，从伊的臂上滚到地上。

伊受了剧烈的痛了，有几秒钟功夫伊全不感觉什么。后来才感痛，不可忍的痛。伊的眼睛张不开了，但能见无量数的金星在前面飞舞。眼泪汩汩的涌出来，两颊都湿了；伊的面庞伏在他小胸口，仰不起来。

这个时候，他脸面的肌肉都紧张起来；转动灵活的小眼睛竟呆了，端相着伊，表显一种恐惧、懊悔、乞恕的神情，——因为他听见玻璃球着额发出的沉重的声音——仿佛他震荡的小灵魂在那里说道："怎么样！没有这回事吧！"

伊痛得不堪，泪珠伴着痛滴个不休；面庞还是伏在他的小胸口。他慢慢的将小手扳起伊的面庞。伊虽仍旧是痛，却不忍不随着小手的力仰起来。

伊的面庞变了：左眼的上角高起了一大块，红而近紫；眼泪满面，照着月光有反射的光。伊究竟忍不住这个痛，不知不觉举起左手按那高起的一块。

他看着，上下唇紧阖并为一线，向两边延长，动了几动，终于忍不住，大张他的小口，哇的哭了出来。红苹果似的两颐，被他澄清晶莹的泉源里的水洗得通湿。

伊赶忙吻他的额，脸上现出美丽的感动的心底的笑，和月一样的笑。这时候，伊的感觉一定在痛以上了……

1920年8月12日写毕

母

　　弱小的菊科的花开出来使人全不经意，却颤颤地冷冷地铺满了庭阶。无力的晚阳照在那些花的上面，着实有些儿寒意。原来秋已来了。

　　我们看那些学生一个个挟着书包，从竹篱外走出门去。竹篱上生满了茑萝，绿的叶有些儿枯黄了，小的红花此时已皱了拢来。那些学生往往立停了，采些花儿叶儿拿在手中，一壁玩弄，一壁慢慢地出去。

　　学生们都去了，我们就移了椅子在廊下坐着谈天。那些阶前的秋花值不得做我们的谈资，不知如何却谈到了儿童问题。一位姓文的是个寓于情绪而又偏于直觉的，伊常常有说不出的忧愁，又常常有莫可名的喜悦。伊刚才二十三岁，对于这个问题颇有一种预测而坚定的主张。伊说："儿童是家庭的安慰者。人生垂老，倘若没有膝下的子女，一生算什么呢？往后靠着谁呢？"一位姓简的是个持独身主义的，伊很有刚毅的性质：听了文君的话表示很不屑的神情，说道："自己的事业便是唯一的安慰。虽然垂老，依旧有事业，就继续不绝的有安慰。儿童算什么呢！"

这个当儿，我的注意力却被一位姓梅的吸引着。伊听了两人的话，眉目间的忧思格外深浓了——伊平时也露不欢喜的样子。伊的眼睛望下直注，但并不是看伊的手指和伊的裙子，也不是在那里观赏阶前的花；伊直内观到心里最深奥的地方，灵魂最系恋的东西。伊二十五岁，是今年暑假后才来的，和我们是新交。我们看伊不大喜欢说笑，就难得和伊攀谈，所知于伊的也因此不多了。伊教授学生非常认真，伊的沉着的读音，清亮的讲解，隔三个教室都听得见。但一出教室，伊对学生仿佛不相识似的，不像我们常常牵着他们一大群，说着，笑着，唱着，互倾自然的童稚的恋爱；伊只坐在休憩室里默想。

我被好奇心驱策着，便问伊道："你是已有子女的人了，请问对于文简二君刚才所说持什么见解？"

伊定一定神，像是特别记忆伊刚才所想，怕他乘机脱逃似的；才很不经意的答道："我不望他们来安慰我，也不想靠他们，然而他们是可爱的，所以他们是必需的。"

文君便接着说道："你不该离开了他们到这里来。我若是你，一定不这样干。"

梅君听了这句话，很忧愁而兴奋地说道："谁愿意这样干！并且谁也不曾教我这样干！然而有个不可抗的势力使我不得不这样干！"伊的声音像琴弦一般抖动了。"我几曾离开过他们！上半年我在本地任事，每晚看他们的笑靥，日间空一点钟没课，还抽身去抚抱他们一回。谁知这就是我的错处，人家说我太恋家了。如今我来到这里，一个留在家里，一个寄养在人家吃乳，他们在那里是怎样情境，我一些也不晓得。我梦也做够了，醒的时候——像现在——也差不多是梦了，然而只来得一个月呢。我想到下月，再下月，明年，后年，我真怕！我真不能想了！"

简君虽曾说"儿童算什么呢！"却也发一声同情的叹息。我和文君自然更为感动，所以再也说不出什么。

风也不起，蟋蟀也不叫，花间小虫跳跃的微声也没有，晚阳本来是无声的，我们四个人真坐在寂静的空间里。

秋节到了，学校里放假，梅君趁了航船归去——伊天天在那里计算盼望的居然到了。我知伊的心一定比伊的身体先到家里，伊的灵魂一定先在那里抚抱伊的儿女，当伊在航船上的时候。

隔了一天，伊来了。伊的眉目间更加上几分忧愁的记号，伊的默默失神，不大说话，也更加厉害了。论理伊记挂伊的儿女，回去看了一趟，当伊抱他们在怀里的时候，那种双方感受的灵的安慰，便该改变了伊的眉目。然而伊适得其反。这不是一个疑问，又足以引起我的同情心好奇心么？

天上洒了一会断断续续的雨，就黑了下来。桐树的叶发出吹动的干枯的声响，只有蟋蟀很没气力的接应着。室内点上了灯，我们蒙那晕圆的光怀抱着，觉得它是比较的亲切有味。

梅君坐在一张藤榻上，呆呆地出神，眼角还渗出些晶莹的眼泪。文君熬不住，就直捷问伊道："你的儿女在家里一定很安好。他们见你到家，不知怎样的依恋你呢。"

梅君的泪离开了伊的眼眶了；继续还有得渗出来，但也留不住。伊发出凄惨的声音回答道："归去使我伤心罢了！出来更使我伤心，然而此刻又在这里了！"

　　"你遭到了什么了？"文君接着问。我和简君的注意力也都集中于伊。

　　"我那还没断乳的孩子，寄养在人家的，他先前是又白又肥，小拳头竟像半个玉矿的球，如今却变了，皮肤里显出灰白的颜色，眼睛低陷下去，两颊也瘦削了一半。他不是我初来时那个模样了！

　　"这也不能怪人家。他们有自己的孩子。母亲的乳自然是孩子的权利，我儿却去分人家的孩子的权利。他们的孩子也换了模样了，和我儿正在同一的命运里。

　　"我去看他，他只是对我哭。我抱他在怀里，许多无形而锐利的箭攒集在我的心里。想给他吃一顿充量的奶吧，我自己一滴也没有了。想给他换个人家吧，我又何忍再去分别一家的孩子的权利！我真没法，只足足哭了两点钟。他们说：'常常给他吃些糕饼作为补充品。'我也说：'以后更多给他吃些糕饼吧。'其实这句话是我的下意识了。"

　　我和文简二君的情绪都紧张了起来。我自己觉得脉搏快了好些。但除了梅君颤动而变常的语音，室内更没别的声响。

　　"我如梦如醉的离开了他。"伊揩着眼泪，继续说："我真忍心！家里的大女儿又哭着向我说道：'你要走开去，何不带了我同去？你今来了，不放你去了。'我没有话答伊，只有哭，只有醉梦一般的哭。

　　"欲就此留在家里吧，我还有别的责任。想起再来，又怎忍再来！后来我的脑子不能想了，我的脚载着我的身体走上了航船。两岸的景物什么都没看见，同船有几个男，几个女，几个老的，几个少的，也没有觉察。直到刚才一阵沙沙的雨打在桐叶上，方始提醒了我，知道我又在这里了……"

伊说不出别的了。我们也没有话说，只嘘着气，瞪着目，各自辨那描写不出的感觉。

窗外桐叶吹动的干枯的声响，依旧只有蟋蟀很没气力的接应着。

1920年10月2日写毕

一个朋友

　　我有一位朋友，他的儿子今天结婚。我去扰了他的喜酒，喝的醉了。不，我没有喝的醉！

　　他家里的酒真好，是陈了三十年的花雕，呷在嘴里滋味浓厚而微涩，——这个要内行家才能扼要地辨别出来——委实是好酒。

　　他们玩的把戏真有趣，真有趣！那一对小新人面对面站着，在一阵沸天震地的拍手声里，他们俩鞠上三个大躬。他们俩都有迷惘的，惊恐的，瞪视的眼光，好像已被猫儿威吓住的老鼠。……不像，像屠夫刀下的牺牛。我想：你们怕和陌生的人面对面站么？何不啼着，哭着，娇央着，婉求着你们的爹爹妈妈，给你们换过熟识的知心的人站在对面呢？

　　我想的晚了，他们俩的躬已鞠过了，我又何必去想它。

　　那些宾客议论真多。做了乌鸦，总要呀呀地叫，不然，就不成其为乌鸦了。他们有几个人称赞我那位朋友有福分，今天已经喝他令郎的喜酒了。有几个满口地说些"珠璧交辉""鸾凤和鸣"的成语。还有几个被挤在一群宾客的背后，从人丛的缝里端相那一对小新人，似羡似叹地说："这是稀有的事！"

我没有开口。

那几个说我那位朋友有福分的，他们的话若是有理，今天的新人何不先结了婚慢吃乳浆？那几个熟读《成语辞典》的，只是搬弄着矿物动物的名词，不知他们究竟比拟些什么？

"这是稀有的事！"这句话却有些意思。

然而也不见得是稀有。"稀有"两字不妥。哈！哈！我错认在这里批改学生的文稿了。

我那位朋友结婚的时候，我也去扰他的喜酒，也喝的烂醉，今天一样的醉。这是十四年前的事——或者是十三年？记不清楚了。当时行礼的景象，宾客的谈话，却还印在我的脑子里，一切和今天差不多，今天竟把当年的故事重新搬演一回。我去道贺作宾客，也算是个配角呢。

我记得那位朋友结婚之后，我曾问他：

"可有什么新的感觉？"

他的答语很有趣：

"我吃，喝，玩耍，都依旧；快意的地方依旧，不如意的地方也依旧，只有卧榻上多了一个人，是我新鲜的境遇。"

我又问他：

"你那新夫人的性情和思想如何？"

他的答语更有趣：

"我不是伊，怎能知道那些呢？"

他自然不知道。他除了惟一的感觉"新鲜的境遇"而外，哪里还知道别的。我真傻了，将那些去问他。当时我便转了词锋道：

"伊快乐么？"

"伊快乐呀。伊理妆的时候，微微地，浅浅地对着镜里的伊笑。伊见我进内室，故意将脸儿转向别的地方，两颗乌黑的，灵活的，动人的眼睛却暗地偷觑着我；那时伊颧颊间总含着无限的庆幸，满足，恋爱的意思。伊和女伴商量修饰，议论风生，足以使大家心折。伊又喜欢'叉麻雀'，下半天和上半夜的工夫都消磨在这一件事上。你道伊还有不快乐的一秒么？"

后来他们夫妻俩有了小孩子了，便是今天的新郎。他们俩欢喜非常，但是说不出为什么欢喜。——我又傻了，觉得欢喜，欢喜就是了，要说出什么来？这个欢喜，还普及得到他们俩的族人和戚友，因为这事也满足了彼等对于他们俩的期望。然而他们俩先前并没有什么预计。论到这事，谁有预计？哪一家列过预算表？原来喝的醉了！

他们俩生了儿子，生活上丝毫没变更。他吃，喝，玩耍，依然如故。伊对着镜里的伊笑，偷觑着他得意，谈论修饰，"叉麻雀"，也依然如故。

小孩子吃的，是一个卖了儿子，夺了儿子的权利换饭吃的妇人的乳浆。他醒的时候，睡眠的时候，都在伊的怀抱里。不到几个月，他小小的面庞儿会笑了，小手似乎会招人了。

他们俩看了，觉得他很好玩，是以前不曾有过的新鲜玩意儿。一个便从乳母手中抱过来和他接个吻，一个不住地摩抚他的小面庞。他觉得小身体没有平常抱的那样舒服，不由得哭了起来。他们俩没趣，更没法止住他的哭，便叫乳母快快抱去。

"我们不要看他的哭脸！"

那小孩子到了七八岁，他们俩便送他进个学校。他学些什么，他们俩总不问。受教育原是孩子的事，哪用父母过问呢！

今天的新郎还兼个高等小学肄业生的头衔！他的同学有许多也来道喜。他们活动的天性没有一处地方一刻功夫不流露，刚才竟把礼堂当做球场踢起球来，然而对于那做新郎的同学，总现出凝视猜想的神情，好像他满身都被着神秘似的。

我想今天最乐意的要算我那位朋友了。他非但说话，便咳一声嗽也柔和到十二分；弯了腰，执了壶，替宾客斟酒，几乎要把酒杯敬到嘴边来。他听了人家的祝贺语，眉花眼笑地答谢道：

"我什么福分？不过干了今天这一桩事，我对小儿总算尽了责任了。将来把这份微薄的家产交付给他，教他好好地守着，我便无愧祖先。"

我忽然想起，假如我那位朋友死了，我替他撰《家传》，应当怎样地叙述？有了，简简括括只要一句话："他无意中生了个儿子，还把儿子按在自己的模型里。"呀！诔墓之文哪有这种体例！原来我喝的醉了……

1920年12月14日写毕

阿　菊

一天早上，阿菊被他的父亲送进一个光明空阔透气的地方。他仿佛从一个世界投入别一个世界里。他的家里只有一张桌子和两条破坏的长凳，已使他的小身躯回旋不得；半截的板门撑起，微弱的光线从街上透进来，——因为对面是典当里库房的高墙，——使他从不曾看清他母亲的面庞；门外墙角是行人的小便处，时常有人在那里图一己的苟且的便当，使他习惯了不良空气的呼吸。现在这个境界在哪里呢？他真投入了别一个世界了！

阿菊的父亲是给人家做零雇的仆役的。人家有喜事丧事，雇他去上宾客们的菜，伺候宾客们的茶水烟火；此外他还当码头上起货落货的脚夫。人家干喜庆哀吊的事，酒是一种普遍而无限量施与的东西，所以他尽有尽量一醉的机会；否则也要靠着酱园里的酒缸盖，喝上两三个铜子麦烧，每喝一口总是时距很长，分量很少，像是舍不得喝的样子，直到酱园收夜市，店门快关了，才无可奈何地喝干了酒，一摇一摆地回家去。那时阿菊早睡得很熟了。

阿菊的母亲是搓草绳的。伊的眼皮翻了出来，常常分泌眼泪，眼球全网着红丝，——这个是他们家里的传染病，阿菊父子也是这样，不过较轻些。伊从起身到睡眠总坐在一条破长凳上，两手像机器似地工作。除了伊的两手，伊的身躯动也不动，眼睛瞬也不瞬；伊不像有思想，不像有忧乐，似乎伊的入世只为着那几捆草绳而来的。当阿菊初生时，他尖着小嘴衔着伊的奶头，小手没意识地抓着，可爱的光辉的小眼睛向伊的面庞端相着；对于那些，伊似乎全无知觉，只照常搓伊的草绳。他吸了一会乳，便被弃在一个几乎站不住的草窠里。他咿呀欲达意吧，号哭欲起来吧，伊总不去理会他，竟同没什么在旁边一样，柔和的催眠声，亲蜜的抚慰语，在伊的声带和脑子里是没有种子的。他到了四岁，还是吸伊淡薄的乳浆，因为这样可以省却两小碗粥，还是躺在那个破草窠里，仰看黑暗的尘垢的屋板，因为此外更没别的可以容他的地方。

阿菊今年是八岁了。除了一间屋子和门前的一段街道，他没有境遇；除了行人的歌声，小贩的叫卖声，母亲的咳嗽声，和自己的学语声，啼哭声，他没有听闻；除了母亲，他没有伴侣——父亲只伴他睡眠；他只有个很狭窄的世界。今天他才从这很窄狭的世界投入别一个宽阔的世界里。

他被一位女教师抚着肩，慈爱地轻婉地问道，"你知道你自己的名字么？"他从没经过被询问，这是骤然闯进他生命里的不速之客，竟使他全然无法应付。他红丝网满的眼睛瞪住了，本来滑润的泪泉里不绝地涌出眼泪来。那位女教师也不再问，但携着他的手走到运动场里。他的小手感觉着温的柔的爱的接触，是他从没尝过的，引起了他的怅惘，恐怖，疑虑，使他的脚步格外地迟缓，似乎他在那里猜想道，"人和人的爱情这么浓郁么？"

　　运动场里没有一件静止的凝滞的东西：十几株绿树经了风微微地舞着，无数雀儿很天真地在树上飞跃歌唱；秋千往还着，浪木震荡着，皮球腾跳着，铁环旋转着，做那些东西的动原的小儿们更没一个不活泼快乐，正在创造他们新的生命。阿菊随着那位女教师走，他那看惯了黑暗的眼睛经辉耀的壮丽的光明照映着，几乎张不开来。他勉强定睛看去，才见那些和己一样而从没亲近过的孩子们。他自知将要加入他们的群里，心里便突突地跳的快起来，脚下没有劲了，就站住在场角一株碧桃树下。女教师含笑问道，"你不要同他们一起玩耍么？"他并不回答；他那平淡的紧张的小面庞只现出一种对于他的新境遇觉得生疏淡漠的神情。他的视官不能应接这许多活动不息的物象，他的听官不能应接这许多繁复愉快的音波，他的主宰此刻退居于绝无能力的地位了。女教师见他不答也不动，便轻轻地抚他的背说道，"你就站在这里看他们玩耍吧"。伊姗姗地走入场中，给伊的小友做伴侣去了。

　　一个小皮球流星似地飞到他的头上来，打着头顶又弹了出去，才把他迷惘的主宰唤醒，使他回复他微弱的能力。于是他觉得那温的柔的爱的接触没有了；四顾自己的周围，那携着自己的手的人在哪里呢？打在头顶的又是什么东西？母亲的手掌么？没有这么轻。桌子的角么？没有这么软。这件东西真奇怪，可怕。他那怯弱的心里想，这里不是安稳的地方，是神秘的地方；心里想着，两脚尽往后退，直到背心靠住了墙才止。他回转身来，抚摩那淡青色的墙壁，额角也抵住在上边，像要将小身躯钻进去。然而墙壁是砖砌的，哪解得爱护他，哪里肯放开他坚硬的冰冷的怀抱容纳他，使他避免惊恐，安定心魂呢？

　　阿菊坐在课室里了。全室二十几个孩子，都不过五六岁左右，今天他加入他们的群里，仿佛平坂浅冈的丛山间插一座瑰伟的雄峰。他以前只有他家里的破草窠破长凳是他的座位，如今他有了新的座位，依然照他旧的姿势坐着，在一室里就呈个特异的色彩。他的上半身全拥在桌子上，胸膛磕着桌沿，使他的呼吸增加速度；两脚蜷了起来，尘泥满封的鞋子压在他并坐的孩子的花衫上边。那位女教师见他这样，先坐给他看，给他一一说明，更指着全室的孩子教他学无论哪一个都好。他看了别人的榜样，勉强将两脚垂下，踏着了地，但不到一分钟又不知不觉地蜷了起来。他的胸膛也很不自然地离开了桌沿；一会儿身躯侧向右面，靠着了并坐的孩子。那个孩子嚷道，"你不要来挤我！"他才醒悟，恐惧，现出怅惘的愕顾。一阵率性的附和的喧笑声发出来，各人的耳鼓都感到剧烈的震动。这个在他的经验里直是个可怕的怪物，他的上半身不由得又全拥在桌子上。

　　女教师拿出许多耍孩儿来，全室孩子的注意力便一齐集注在教师的桌子上。那些耍孩儿或裸体，或穿红色的背心遮着胸腹，嫩红的小臂和小腿却全然赤露；将他们睡倒了，一放手便跟着站起来，左右摇动了几回，照旧站得挺直。真是个可爱的东西！在阿菊看了更是大扩眼界。他那简单的粗莽的欲望指挥着他的手前伸，想去取得他们，可是伸到了充分地直，还搭不到教师的桌子；同时那怯懦的心又牵着他的手似乎不好意思地缩了下去。女教师已暗地窥见了他，便笑着对他道，"你可将这几个可爱的小朋友数一数。"他迟疑了好一会，经过了两三回催促，才含糊地才可听闻地数道，"一，二，三，六，五，八，四……"女教师微微摇着头，转问靠近伊桌子的一个女孩子。那女孩子扳着小指，发出尖脆的声音数了，竟没弄错数序。几个孩子跟着伊的尾声喊道，"伊数得对"。女教师温颜附和道，"果然伊数得对。我给你们各人一个去玩耍吧"。

阿菊取耍孩儿在手，这个是他希望而又不敢希望的，几乎不自信是真实的事。他只对着耍孩儿呆看，是他唯一的玩弄的方法。

"你们可知那些可爱的小朋友住在哪里？"女教师很真诚地发问。

"他们住在屋子里，"群儿作谐和的语调回答。

"屋子里怎么进去？"

"有门的。"

"门比他们的身躯高呢，低呢，阔呢，狭呢？"伊非常悦乐，笑容含优美的画意，语调即自然的音乐。

"阔，高，"有几个说，"自然比他们阔，高"。在那些声音里，露出一个单调的无力的"低"字的音来，这是阿菊回答的。

"门怎么开法？"

"执这个东西，"群儿齐指室门的拉手。

"请你开给我们看，"伊指一个梳着双辫的女孩子说。

那女孩子很喜欢受这使命，伊走到门首，执着拉手往身边拉。但是全无影响。

一部分孩子见他们的同伴不成功，都自告奋勇道，"我能开。这么一旋就开了"。

女教师便指一个男孩去。他执着拉手一旋，再往身边拉，门果真开了。伊和群儿都拍手庆贺他的成功。伊更发清朗的语音向群儿道，"我们开门必要先这么一旋"。说罢，教大家依次去试。

这事轮到阿菊，就觉得是一种最艰难的功课。他拉了一会拉手，不成，又狠命地把他旋转，也不成，便用力向外推，然而何曾摊开了一丝半缝。他窘极了，脸皮红到发际，眼泪含在眶里，呼吸也喘起来了，不由得弃了拉手在门上乱敲。但是外面哪里有应门的人等着呢？

那位女教师按着钢琴，先奏了一曲，便向群儿——他们环成一个圆圈站在乐舞室里了——说，"我们要唱那《蝴蝶之歌》哩。"他们笑颜齐开了，双臂都平举着，有几个已作蝶翅蹁跹的姿势。琴声再作，那美妙的愉悦的人心之花宇宙之魂的歌声也随之而发：

> 飞，飞，飞，飞到花园里。
> 这里的景致真美丽。
> 有红花铺的床供我们睡眠；
> 有绿草织的毯供我们游戏。
> 飞呀，飞呀，我们飞得高，飞得高。
> 飞呀，飞呀，我们飞得低，飞得低。
> 我们飞作一团，不要分离。
> 你看花在笑我们了，笑得脸儿更红了。
> 哈！哈！哈！
> 花呀，你来和我们一起儿飞！

来呀，和我们一起儿飞！

　　阿菊站在群儿的圈子里，听不出他们唱些什么，但觉自顶至踵受着感动，一种微妙的醉心的感动。他的呼吸和琴声歌声应和着，引起一种不可描写的快慰，适意，超过他从前唯一的悦乐——衔着他母亲的乳睡眠。于是他的手舞动起来，嘴里也高高低低地唱起来；这个舞动呈个触目的拙劣的姿势，没有别的孩子那么纯熟灵活；歌呢，既没词句，又没节奏，自然在大众的歌声里被挤了出来。然而这个与他何涉呢？他总以为是舞了，唱了。刚才的窘急，惶恐，怯懦……他完全和它们疏远了。只可惜他领略歌和舞这么晚，况且他能将以后的全生活沉浸在那些里边么！

　　阿菊第一天进学校的故事，要算他生活史里最重要的一页了。然而他放学归家，回到他旧的狭窄的世界的时候，他母亲和平日一样，只顾搓伊的草绳，并不看他一眼，问他一声。他自去蹲在黑暗的墙角旁边，玩弄他在学校里偷摘的一根绿草。论不定因这绿草引起了他纷乱的模糊的如梦的记忆，使那些窘急，惶恐，怯懦，感动，快慰，适意……立刻一齐重新闯进他的生命里。晚上他父亲喝醉了人家的残酒归来，摸到板铺的卧榻倒身便睡；他早上曾经送他的儿子进学校，进别一个世界，是忘记得干干净净了。

　　　　　　　　　1920年12月20日写毕　原题《低能儿》

萌　芽

　　他们俩现在一同过结婚生活了。他们脱去一切不自然不平等的习惯，只从两个成熟的家庭里分裂出来，好像生物的两性细胞各从本体分裂出来，结合而成一个新的生命；彼此互相了解，互相慕悦，互视为爱的宗教的教主。

　　有一个问题使他们俩下了一番讨究的工夫：就是对于那不可预料的事故，儿女的闯入世界，应当怎样处置？

　　他说，"儿女在我们直是不需要的东西，因为我觉得并不缺少他们。"

　　伊真诚地表示同情说，"可不是么？况且我们又不是教育专家，更没有教育他们的时间；养而不教，不是我们愿意的行径，要教又如何能教？"

　　他忽然想起了别一方面，注视着伊说道，"倘若你我有了儿女，势必将一切幸福付与他们，自己却退居于幸福之幕后。这个未免有些不愿意。"

　　"我也不愿意。"伊现出美妙的微笑，然而接着引起了浮荡无着的忧虑，"但这事是不可预料的呵！倘若他突然闯入我们的境遇里，又怎样呢？"

"这是没有的事，"他坚定地安慰伊，"究竟不是神支配我们的。"他嘴里说时，心里还想，"这个事在伊是很危险的。人类物质文明发达，机体里自然的能力却慢慢地退化了下来。一个成熟的果子，一条长足的胎牛，他们脱离母体，两方面何等地安全。在人类里却已演过了无量数的悲剧。我们怎当得起这等预经暗示的惊恐呢？"

伊只是咀嚼他说的"究竟不是神支配我们的"这句话……

伊忽然精神不健旺起来了；似乎全身的骨胳支不住伊的躯体，只想躺着睡眠。人家叫伊一声或是咳一声嗽，伊也嫌麻烦。爱吃的东西怎么都变了味了？并没有醉酒怎么只想作呕？伊是在报馆里编辑新闻的，这个不健旺很不宜于伊的职业。然而还算不得什么病，所以伊依旧做伊的事。这个，但是，更加增进伊的困倦和厌烦的程度。

伊说，"难道那突然闯入我们境遇里的事来了么？"伊便连带想起，"我先前没有注意那波浪式的生理状态的出轨，从现状想去，难道竟是这一回事的朕兆么？这个将要打破我们一切的计划，愉悦，安全，给我们增加许多义务，忧虑，痛苦，多么可怕！"

他说，"事情不见得这么不巧吧。我祝望你所猜想的仅仅是一个猜想！"他心里起一种不安的感觉，但是不很强烈。

伊沉思了一会道，"果是这么一回事，我们便仗着药物的力量使他化为无事。你以为何如？"

他还没有回答，伊愁容忽散，发出虔敬的忏悔的语音道，"愿我的良心恕我的罪恶！更愿我仅有这一次罪恶！新生的萌芽寓有你我的生命，也即寓有人类的生命。我们爱人类，——自己也在内，就应当爱这萌芽。他若是来了，我们既以血液栽培他，自当诚意地将护他，使他抽出挺拔的枝条，开出美丽的花来。"母性的爱充满伊的眉宇，慈祥而悦乐，不可描写，虽然伊为母与否还不曾确定。那先前种种忧虑，此刻退出了伊的思想范围了。

他全身沐浴在一种不可名言的感动里，说不出什么，只紧紧地握住伊的手……

胎儿第一回的震动将伊的猜想证实了。不可避免的事情真来了。伊不觉得惶恐，只觉对于伊自己有一种新鲜的爱；因为伊的生命里包含着一个新的生命，一枝射向无尽的箭。

人家说，"这个应该略为加以束缚；否则发育过大了，到成熟的时候脱离母体，总有多少危险。"但是伊哪里有这般忍心。伊想，"发育得越大不是更好的事么？我正希望他这样呢。硬去束缚他是何等残酷的事！只须想自己，一经束缚，呼吸不得舒畅了，肢体不得自由了，多少难堪！我怎能以难堪的加于生命里的新生命呢！……危险呢？那是没有的事。"伊这个论断仅仅本于爱情和意志，并没有什么证据。

什么刺激性的东西伊都不敢吃。但并不因为医生的劝告，卫生学说的诏示曾经这么说，所以如此；伊明知小口开始吃第一口东西的时候还没到哩。伊认伊所包含的生命是完美的，健全的，刺激性的东西或者要损伤他的完美和健全。伊为着职务，游览，或是家事劳倦了，伊体内便起一阵震动，这个仿佛是催伊休息的钟声。伊想，"他是困乏了，我该给他充分的休息。"然而真个劳倦的哪里是这个"他"呢。

伊感觉小足踢腹壁了——或者是小臂在那里伸缩——有时从此至彼竟有四五寸距离。伊又陶醉似地安慰自己，"他真长得完全了，多活泼，多精神呀！"同时更有一种奇异的心思不绝地侵入伊的脑海。"我有怎么一种能力，能使他五官，四肢，脏腑，血液，完全无缺呢？而且他有心灵，是什么时候赋给他的呢？白天么？梦中么？刚有朕兆的时候么？小足小臂舞动的时候么？这是一个大神秘，不可思议。惟其如此，越是欣欣地，急急地，要欢迎那大神秘的产物。"伊更想，"我的环境将变了；将有一个新生的人伴我，做我的接续者。这也是神秘的事呀！"

他那先前预料以为必然会有的惊恐，现在却绝不相扰；他只抱着和伊同一的信仰，以为危险是没有的事。他也涵濡在欢迎的诚意里。事情到或然或否之间，只有信仰是唯一的安慰和鼓动。

伊经过了乏极的睡眠醒来，眼皮似乎很重，只能张开一线。看护妇抱一个新生的婴儿给伊看。那婴儿鲜红的脸庞上有极柔软的短黄毛，乌黑的眼珠作无目的的瞪视。伊忽有感动，晶莹的泪珠从伊的眼眶里渗了出来。

19921年1月8日写毕

恐怖的夜

　　天上没有一点星，浓厚的乌云一块一块地堆着，只有堆得稀薄的地方漏些滞暗的光。颤动而疾驰的电光像马鞭子似地抽过，也仿佛有紧张而有力的声音，一切景物都放出光明和活动来。但这不过是一闪的时间，鞭子过了，他们又归于黑暗和沉寂了。

　　电光越抽越急，结果却使一切分外黑暗，分外沉寂。滞暗的光慢慢地给添上的乌云补没，天上更没一丝儿缝，似乎大气也沉重了好些。蝉声不知为什么停了，更没别的声息。

　　我站在我家的门前，就是这黑暗的空间里。一盏煤油灯藏在门的背后，不使透出光到街上，因为怕惹起行人的注意和惊异。期待的心使我异常烦躁；汗珠不绝地渗出来，单衫和皮肤早已粘着了。"我弟的船此刻在哪里了？进了港么？还在江中？……今天也许不来么？没有来得及搭火车么？…这个不见得会吧？"循环不歇地占据我的脑海的，无非是这些悬猜，疑虑，自慰的念头。

　　偶然有一个提着灯笼的行人，他的脚步声，衣裳窸窣声，灯笼动荡声，打破了这个无边的沉寂。他不知我站在那里，只是俯首走过，靠着灯笼昏淡的一圈光引导他的先路，一会儿，他的脚步声也听不见了。于是一切和先前一样。

"我回进去坐坐吧，他还有一刻才到呢。……不行！他的船也许因舟人的努力或是水势的顺流，再摇一两橹，就到对面的水埠了。我待听得下篙的声音，便走下水埠，喊一声'弟弟'，这是何等的快慰。我怎肯抛弃这个快慰的机会呢？我必须在这里等他。"我这样想，就依旧站着。

时间的脚步虽然静默，我却觉得他是很迟缓的，因此引起了嫌恶的意思。越是嫌恶越使心地烦躁。鞭不光明的长空我不想看了，无边的沉寂里自然没什么可听的；还是背诵些诗句吧！然而一时竟想不起来。我才感觉那孤独的无事的闷郁，此时已深深地射中我的心胸了。这个感觉是说不出地难堪，我便希望再有一个提着灯笼的行人走过，做我暂时的伴侣。但是期待第二个行人，又是增进烦闷的引火线。

忽然有胡琴的声音起了，想是沿河乘凉的人拉的。那声音从水面扩散开来，格外地清脆响亮。我的寂寞的耳官自然很欢迎它。

胡琴响了一会，干燥而粗野的喉咙里跟着发出歌声来，抑扬徐疾不尽和弦音一致，词句也不很清楚。忽然间翻入高调，喉咙竭力提高，却发不出声音。于是琴弦上骤然截止的散音一响，就没有声音了。接着便是一阵男女宏细诸声混合的狂笑。在这闷沉的天幕底下，那些声浪似乎凝聚了起来，隔了好一会，还在耳际流漾。

怕要下大雨了；云堆得愈厚，使我几乎看不出对面的水埠；电光越长越细越快，一条一条地钻入云的深处。摇橹声，下篙声，还全然没有消息呢。

一个落伍的蜻蜓，它的膜质的翅触着墙上，发出干脆而微弱的声音。这个也足以略慰我的寂寞。我便想，"今夜竟没见一个萤虫。""倘若有了蜻蜓的膜翅，"我又想，"更借了萤虫的光明，飞升起来，寻见我弟的归舟，一路照他到家，岂不比独自站在这里有味而多情么？……人不如虫呀！……但是，生物进化的阶级里，人却居优异的地位。……《进化论》对于生物之起源的解释，总不能使人满意。……达尔文的胡子真长真浓，他吃喝的时候一定很累事。……我的胡子生到了颈部，留长起来，不是和他一个样子么？……"

联想很可以拿蔓草来比喻：蔓草托根在这里，能够爬过破墙，纠结着邻园灌木的干本，末端却伏在树下的乱草里；你要去寻它的根本何在，或是怎样蔓延开来的，是一件极难的事。人心一时联想起的种种也就是这个样子，从"蜻蜓"竟蔓延到"我的胡子"。街上有脚声了，我所期待的第二个行人来了，才将我联想的藤截断。

脚声到我的前面，那人便站住了，发出冷峭的声音问道，"是谁？"我辨不清那人的面目，但听得出是住在我家后屋的漆匠阿喜的声音，便答道，"是我。"

"先生，原来是你。这个时候，你在这里做什么？"他很以为奇怪。

"我候我的弟弟，他从车站乘舟归来，想来快要到了。"

"他决不会来了。今天开出去的航船没有到车站，半途折回，五点钟时候就停泊在码头了。"他个个字音都含有断定的意味。

"我们是雇舟去候的，他不坐航船。"我的语音不由得艰涩而颤动，因为阿喜的话违反我的期望。我竟没觉察他那句话里还有别的意思。

阿喜发出迟疑的轻微的语音，"便是雇舟去接，也不见得一定会来。吾听人说，车站附近一带的火车轨道已被拆断了。"

他的声音虽然低微，却深深刺入我的脑海；我的血管突然紧张，血液流动就加了速度。"你这话确么？为的什么事？"我仅能勉强作简短的问话。

"听说是车站东面的兵和车站西面的兵有了什么不合意的地方，便面对面迎拢来，预备开火。但是彼此又互相畏忌，怕火车载着他们真个碰了面，所以西面的兵便将轨道拆断了，——这或者正中东面的兵的心怀。这个消息一定是确的，因为本镇的水师船，今天午前一齐受着上官的命令调了出去，邮船又没有到，便是两个最可靠的证据。"阿喜的语音低到几乎听不见，又很有几个字变了音，可知他的心里正含着强烈的惊恐呢。他在讲兵的事情，或者他的幻想里觉得有无数的兵举起了枪围绕着他；他怕说话被他们听见了，劳他们动怒和放枪，所以只用最低的声音说。

我听了，脑子里一阵地纷乱，装满了深刻而说不出的懊丧。我妻，伊今晚必有信来，现在伊这一信不知搁起在哪里了！我的弟弟，他虽是十八岁的年纪，若是归家不得，流寓在绝不熟识的地方，必定使他急得哭起来。我这里和他消息不通，只是期待和挂牵，又怎样呢！包围我四周的空气，我顿时觉得完全是恐怖的东西。满天浓黑的，是焚烧的烟么？又长又细又快的光，是枪弹的历程么？全市沉寂，他们在衔枚疾走，预备掩袭么？那些都相像，十分想像。我只希求是在一个梦里，因为我怕。

阿喜见我没有回进屋去的意思，便道，"你还要等一会吧？明天再会。"

我的下意识命令我的口答他，"我想再等一会，他也许会来的。"

阿喜进去了，黑暗沉寂的空间里，依旧只我一个人站着，似乎一切没有变化。然而我的情绪是变了，剧变了，外界的景物哪得不跟着变化呢？

这时候的感觉和情绪不是事后内省可以记录出来的，还是留下几分之一的空页罢。但是，我也可以粗略地说一说：我很愤怨地诅咒那乌云和电光，你们为什么骄我，傲我，欺弄我！这时我不复感什么寂寞和孤独的闷郁，我只是恐怖，但还杂着怜悯的心。我已忘了站在什么地方，和站在那里做什么了。

急迫的橹声起在右面的河面，使我一切思虑都暂停，直奔对面的水埠，跨下石级，站定在齐河面的一级上。向右望去，一条船的黑影，依稀可以辨认了。斜方体的灯光从船侧窗框里射出来，映在水里，给一枝橹搅得落花似地零乱。河水动荡的声音，合一种短促的节奏；橹偶然触着河底的石头，发出重浊的音。"为什么还不停橹，预备下篙泊岸呢？"我正这么想，一方的灯光已到我面前，——瞥见舱里坐满了人，一瞬间便过去了。"原来不是他，我何曾提防还要担当这一个失望呢！"我呆呆地望着去舟，灯光和波纹，很觉得恋恋。一会儿，船身模糊了，不可辨了；灯光微弱了，没有了；橹声呢，先是渐渐地轻微，终于听不见了。

船从车站来，是三十四里的水程。照每天车到的时刻，我弟若是登舟，此刻应当到了。"轨道真个拆断了么？他真个被强迫地流寓在中途么？六七分是这等情形了。"但我的意志不愿意情形是这样；我的独断的假定承认阿喜听得的是谣言——唯其如此，才可以有一丝的希望。

我依旧站在齐河面的石级上，屡屡向右面望去，只见两列黑影似的房屋中间一条河，河面发暗淡静定的光。胡琴声和歌声又作了，但唱的不是先前那一个人，声音清越而哀厉，琴声也圆转应节到十分。中间还夹着小孩子的号哭。

街上有两个人的脚步声和谈话声了。一个语声含糊，可以辨知是老人，一个语声清而响，是个壮年。他们的步调散乱而迟缓，想是从酒店里出来的。那老人道，"……想是确的了。"

"他们都这么传说，不见得是谣传罢。况且水师的枪船一齐调出去了。"那壮年回答。

"本镇的现状何等危险！若是游民无赖乘机骚动，谁能去对付呢？"他们正走到我的门前，所以老人的话可以听得很清楚。

"还有呢。他们开了火，不能没有胜败。败兵逃散，到此地很便当，只有三十四里路，这更将不堪设想呢！"

老人很深长地叹了一口，"世界愈弄愈不像了！他们手里拿着家伙，就要强主他人的命运……"他们渐渐地走远，字音不复可辨。脚声和语声终于听不见了。

我想这个拆断轨道的恶消息传遍全镇，全镇的人一定要震动着和刚才两人同样的惶恐的心；此刻他们在屋子里，酒店里，场上，或者正在谈同样的话呢。而且哪里止一个镇。我们的邻镇，较远的邻镇，一定也正被较强烈的或是较微淡的恐怖笼罩着。一块小石投在小河里，海水都受着波动，虽然人的肉眼看不见。这一个消息，他们两面预备开火，怎不撼摇了凡是人类的心呢。

粗而稀的雨点下来了，河面发出一种鱼儿跳跃似的声音。骤急的风从北面吹来，河水汩汩地流动。我不能再站在石级上，急急跨上水埠，回到门前的檐下。风吹着我，汗立时干了，皮肤还很有凉意。

不到两分钟，河面有拄篙声和人语声了。听去那条船进行很徐缓。我也不顾雨点，重又奔下水埠；望见右面来一条船，船头上一个舟子撑着篙子。我便高声喊道，"弟弟，来了么？"

那舟子熟识我的声音，很劳倦而埋怨似地答道，"现在总算到了。我们这船险些儿和别的船一样，给他们捉去运弹子呢。幸而停泊得远了些。"

"哥哥，"弟弟的声音从舱里发出，随即他就立上船头，这时船将近水埠了，"你在那里等我？"他这句短语，充满了定心，喜悦，感慰的意思。舱里的灯光只照在他的背上，使我不能细认他的分别了两年的面庞。但见舱里坐着老的，少的，男的，女的，六七个人。

船到了水埠，舟子跨上石级，将船缆系在埠侧的木桩上。他便搁上了跳板。

弟弟回转身，向舱里诸人说道，"我的家里已到了。你们此刻去寻房屋决难寻到，宿在船中，河面又有可怕的蚊虫，且在我家住了一夜吧。"他又向我说明道，"舱里一家人，他们是逃难来的。他们雇不到船，和我商量，趁了我的船。他们要在镇上租一间或两间屋暂住，但镇上没有一个他们熟识的人。我想要寻房屋也得到了明天再说，今天且留他们住在我们家里，想你一定赞同我的意思。"

我看见了弟弟比两年前高大了然的形体，听见了弟弟亲爱的呼声，紧张的惶惧已宽弛了好些。现在他这么说，我既赞叹他处事的得当，又对于舱里不相识的一家人起了无限的同情。我便催促道，"雨点越来越密了，快请你和舱里诸位快上岸罢。今宵诸位一准留在我们家里。"

惊魂未定的一家人听了我们兄弟的话，说不出什么来，却一个一个跨上船头。舟子回船点了个灯笼，他又先跳上水埠照着我们。

弟弟上了水埠，执着我的手不放，我觉得彼此的手都有些欣慰的颤动。接着上来的是两位妇人，他们都抱着孩子，还有一个近十岁的男儿，一位老翁，一位老太太。

雨点急而大了，河面上，屋面上，发出爽利，洪大，激击的声音。卷过来的风声里，夹着延长不断的轻雷。我们一群人举手遮着头面，冒着雨，急急的两三步就奔过了街到门前。我取出门后的煤油灯，才得清清楚楚地审视弟弟的面目。他比先前更精神了：颧颊很丰腴的，而且非常红润，眼睛里有晶莹的光，短短的发修剪得极齐整；他很是可爱。

我们齐到客室里，两个舟子带着弟弟的行李和老翁一家人的几个包裹跟进来，一一摆在地上。

那个男儿用疑问的语气向那位老太太道，"这里安逸么？他们不打到这里来么？"他只是向窗外眺望，又凝神地听那急雨声。

我们让老翁一家人都坐了。老太太强抑着自己的惊恐，安慰那男儿道，"好孩子，这里离他们远，安逸了。这是这两位先生的家里，今夜他们留我们住在这里了。"

我这才回忆阿喜传来的消息，不由得脱口而出道，"轨道究竟没拆断。"

弟弟不待我说完，接着说道，"我趁的是最后一趟车，此刻就不能通行哩。我下船的时候，见他们正在做那破坏的工作。"

"车站那里，究竟是怎样情形？"我舒了一舒气，就这样问。

"使我们心都碎了！"那老翁气吁吁地攒着眉，很可怜的样子答我。"我们一望野里，尽是圆锥形的帐幕，数也数不清。可怕的兵，他们都在搬运泥土和石头。有的说他们人数有五千，有的说还不止呢。谣言刻刻传来，说，'东面来了对方面的兵了，数目比现在这里的要加倍呢！'或是说，'他们快要开火了，一炮可以打五十里路远！''船被他们捉完了，铁路轨道快要拆断了，我们只得在这里等候子弹！'"

老太太发出沉默的叹息。两位妇人目注于地，现出困顿，怅惘，惊惧的神情。他们怀里的孩子都睁着小眼睛，看他们新到的境界，口里还咿呀发声，像是互相告语的样子。那个男儿，想来他还不很深信老太太的话，弱小的心依旧在那里惶恐，只是呆着出神，伏在老太太的膝上不动。

老翁继续下去说，"昨天各店家就没有开市，街上冷清清的；偶然有几个行人，都是失了魂碎了胆似的。警察敲了一家一家的门来关照，说，'这几夜你们须得睡在平屋里，最好是地上，不要睡在楼上。他们一开火，那子弹是没有眼睛的！'这个景象和警告，何等可怕！我们深信已坠入失望之渊，没有什么能够援救我们。只有那冷酷，生疏，不可测的死，他正在那里等待着。

"死的怕不怕，大家没尝过，也许是甜的，乐的，很有趣味的。但我们既是活着，就有爱生的惰性，很不愿意去亲近那不可测的死。这个惰性指挥着我们去搜寻求生的方法，只须得生什么都愿意。最后就取了这唯一的方法，就是姑且一逃。

"机警的人家，早一两天就行了我们取决的方法。我们主意定得晚，乘火车是无分了，被什么命令禁止了；又没有一条船可以雇到，他们被捉的被捉，否则也逃得全无影踪。但我们想，或者航船还有开来，万一得幸免被捉。我们便离了家，所有的一切，直到航船埠头。

"埠头哪有什么航船，只有赤热的太阳照着静定的河水——我们的汗流成泉了，气都不舒了，心不能想了，这不是暇豫的闲游呀！

"回我们的家么？家固然可爱，舍不得，最好回去。但是哪里敢！哪里去呢？我们老小七个谁都不知道。我糊糊涂涂地想，还是走向江边，看有无过路的船搭趁。我就搬着劳倦的两条腿，引着他们走，他们只是跟着我。他们的心比我还柔弱，哪里担当得起那些呢！

"刺入皮肤似的阳光射在我孙儿红嫩的脸上，使我感到深烈的心底的痛。野里一无遮盖，也遇不到一个耕作的农人。我们在这广大而寂寥的虚空里行动，更有一种异样的害怕。后来我妻走不动了，媳妇们抱着孩子，自然更易困乏；她们的泪珠混和着汗水滴下。我只是心里难过，没什么可以安慰他们的法子——我也须待人家仁爱慈善的安慰呢。

"我们坐在焦热的地上休息，大家呆着不做声。我那大孙儿，他先看见小港里令弟的船，便指着告我。令弟真是个仁慈的青年，他不仅容留我们的身体，并且安慰我们的心。世上有像他这样的人，我更信人生确有可爱。……孙儿呀！你们好好儿睡吧。且莫问明天，今夜的安适总是真实的，决没什么来扰你们的小灵魂。……爱的孙儿……"

老翁感动极了，轮流看着他三个孙儿，干枯微皱的脸上现出薄醉似的笑。

窗外的风雨依然肆它们的威势，声音里满含着繁喧的寂寞，郁结的悲哀。

1921年1月25日写毕

苦　菜

　　我家屋后有一亩多空地，泥土里时常翻出屋脊的碎屑，墙砖的小块来，表明那里从前也建造过房屋。短而肥的菊科的野草，是独蒙天择适存在那里的，托根在瓦砾砖块之间，居然将铅色的地铺得碧绿。许多顽皮的小孩子常聚在那里踢铁球，——因为那里僻静，可以避他们父母和先生的眼——将父母给他们买点心的钱做输赢。他们玩得高兴时，便将手里的铁球或拾起小砖投那后屋的檐头和屋面的小雀练眼功。檐头和小雀都没中，却碎了后窗的玻璃。这也不止一次了。

　　我想空地废弃，未免可惜；顽皮孩子虽不觉得可恶，究没什么可爱，何必预备着游戏场供他们玩耍；便唤个竹匠编成竹篱，将那片空地围了起来，这样觉得比以前安静严密了好些。我更向熟识的农人说起，"我要雇一个人在那里种菜，兼做些杂事，看有相当的人可以荐来试试。"

　　我待雇到了人，让他做主任，我自己做他的副手。劳动是人生的真义，从此可得精神的真实的愉快；那片空地便是我新生活的泉源，我只是热烈而深切地期望。

农人福堂因此被荐到我家来了。他的紫赤的皮肤，粗糙而有坚皮的手，茸茸的发，直视而不灵动的眼睛，口四围短而黄的未剃的胡子，都和别的农人没甚分别；但是他还有一种幽郁的神情，将农人固有的特征，浑朴无虑的态度笼罩住。

"你种什么东西都会？"我问他。

"我从小就种田，米麦菜豆都种过，都会。"他的语音含有诚恳的意思，兼欲将他自己的经历述得详细而动听，但是他仅能说这一句。

"那很好，我屋后那片空地将由你去种。"

他去察看了他新的工作地，回我道，"那里可以划做二十畦。赶紧下秧，二十天之后，每畦可出一担菜。今年天气暖，还来得及种第二批哩。"他说时面作笑容，似乎表示这个于主人有莫大的利益。我也想，"地真足赞颂呀，生生不息，取之无尽。于此使我更信pantheism①了。"

我们最先的工作是剔去瓦砾砖块。福堂带来一柄四齿耙，五斤多重，他举起来高出头顶一尺光景，用力往下垦，四齿齐没入泥里。他那执柄端的左手向上一提，再举起耙来，泥土便松了一方，砖瓦的小块一一显露。力是何等地可贵，他潜藏着时，什么都不与相关，但是他发散开来，可以使什么都变更。他工作了两点多钟，空地的六分之一翻松了，坐在阶上吸着黄烟休息。

我的希望艳羡的心情，在他下第一耙的时候已欲进溢而出，人生真实的愉快的滋味，这回我可要尝一尝了。他一停

---

① 英文，泛神论。

手，我急急地执着耙的柄，学着他那姿势和动作工作起来。但是那柄耙似乎不服从我的样子：我举它起来时，它在空中只是前后左右地摇曳；着地时它的四齿入土仅一寸光景；我再用力将它举起，平而结的泥土上只有四个掘松的痕迹。我绝不灰心，这样总比以前松了些，我更下第二耙，第三耙……奇怪，那柄耙的重量为什么一回一回地加增！不到二十耙，我再也不能举起了。一缕焦烘烘的热从背脊散向全身，似乎每一个细胞都在燃烧着。呼吸是急促了，外面的空气钻入似地进我的鼻官，几乎容受不得。两手失了正确的知觉，还像执着那柄耙，——虽然已放在地上——所以握不紧拳来。

福堂将烟管在石阶上敲击去里面的烟灰，说道，"这个不是先生做得来的，你还是拣砖瓦吧。去了砖瓦，待我先耙成几畦，打好了潭，你就可以下菜秧了。"

我既自认是他的副手，我应当服从他的指挥，况且拣去砖瓦一样是一种劳动。那句"就可以下菜秧"又何等地可喜，何等地足以勖勉我。我就佝偻着身子，两手不停地拾起砖瓦，投在粗竹丝编的大畚箕里。他继续他先前的工作，手里那柄耙一上一下，着地的声音沉重而调匀，竟像一架机器。

我踏在已拣去砖瓦的松软的泥土上，鞋面没了一半，似乎踏着鹅绒的毯子。泥土的气息一阵一阵透入鼻官，引起一种新鲜而快适的感觉。蚯蚓很安适地蛰伏着，这回经了翻动，他们只向泥土深处乱钻；但是到后半段身体还赤露着的时候，他们就不再钻了。菊科的野草连根带叶地杂在泥里，正好用作绿肥；他们现在是遭逢了"人为淘汰"了。

我不觉得时间在那里移换，我没有一切思虑和情绪。我化了，力就是我，我就是力。力的我的发展就是"真时"，就是思虑和情绪,更何用觉知辨认呢?这等心境,只容体会,不可言说。

"先生,你可以歇歇了,"福堂停着工作在那里唤我,我才回复了平时的心境。腰部酸痛了,两腿战战的不能再立了,脑际也昏晕而作响。我便退到阶前,背靠着门坐下,闭着眼睛养神。这时我才感觉那从未感受的健康的疲倦。

两天之后,二十个畦都已下了菜秧。我看福堂造畦,心里很佩服他。他不用尺量,只将耙轻轻地耙剔,自然成了极正确的长方形的畦;而且各个畦的面积都相等呢。他又提起石潭槌来在畦上打成一个一个的潭,距离也无不相等,每畦恰是一百个。至于下秧是我的工作了:将菜秧放入潭里,拨些松泥掩没了根部,就完事了;但在我这不能算是轻易的事。插满了一畦,我又提一桶水来灌溉。那些菜秧自离母土,至少已经一天,应是饥渴了。

我站在畦间的沟里四望,嫩绿的叶一顺地偃在畦上,好似一幅图案画,心中起一种不可名言的快感。我以前几曾真将劳力成就过一件事物?现在那些菜,却领受了我劳力的滋养了。据福堂说,隔上两三天,他们吸足了水,就能复原竖起来。此后加上粪肥,便轰轰地生长,每天要换一个样子呢。

菜园里更没有繁重的工作了。每天晨晚由福堂浇一回水,有时他蹲在畦间捉食叶的小虫。我家事务简单,他往往大半天空闲着,于是只是坐在廊下吸烟,一管完了又一管,他那副幽郁的神情和烟管里嘴里缭绕的烟气总将他密密地笼罩住。

　　我天天去看手种的菜，距下秧的时候已是十五六天了，叶柄还是细细的，叶瓣也没有长大许多，更有呈露淡黄色的，这个很引起我的疑惑。福堂懒懒地向我说，"这个大约因为这里是生地的缘故。但二十天之后，三棵一斤总有的。"他这句话，超过预料的成熟期至半个月，成色又打了三折，不由我不摇动对于他的坚信。这里是生地，他来时不是不晓得。他从小就种田，根据他的经验以推测种植的成绩，也不至相差到三分之二。他究竟为了什么呢？

　　我细看叶瓣，几乎瓣瓣有小孔，前几天固然也有发见，但如今更是普遍而稠密了；有些瓣子上多孔通连，成为曲线描绘的大窟窿。我满腔的惋惜，不禁责备福堂道，"你捕虫太不留心了，菜竟被吃到这般地步。"

　　"这个不容易呀！"他勉强笑着，翻转一瓣叶子，就见一黑色的幼虫坠下，他检寻了一会，"在这里了，"从泥上拾起那条虫，掷在脚下踏烂了。有时一坠下去就寻不见，只得舍了他，一会儿又在那里大吃了。

　　我想他时间尽多，慢慢地细细地捉虫，一定不至于此；又不是十亩八亩一个人照顾不周。以我主观的意见替他想，他过的是最有意思最有趣味的生活，就应当勤于他的职务，视为唯一的嗜好。何以他喜欢吸黄烟胜于农作？何以他绝不负职务上的责任，对于菜的不发育和被侵害又全无同情心呢？

　　我再四推想，断定他是"怠业"了。他于种植的技术，一定有许多未精明之处；于他现在的职务，又一定没有做得周到完密；否则成绩何至于这么坏？但是为了什么呢？

　　福堂依他的老例，坐在廊下吸烟，我乘着没事，问他家里的状况。他就告诉我以下的话。

"我家里有四亩田，是爷传下来的。我种这四亩田，到今二十多年了。我八岁上爷就死了。我听你先生说，种田最有滋味，这话不大对。……滋味呢，固然有的，但是苦，苦到说不出！我夜夜做梦，梦我不种田了。真有这一天，我才乐呢。

"我终年种田，只有一个念头刻刻迫着我，就是'还租'。租固然是应当还的，但我要吃，我要穿，我也想乐乐，一还租，那些就不能够了，没有了。只有四亩田，哪里能料理这许多呢！

"我二十岁上生了个女儿，这是天帮我的，我妻就去当人家的乳母，伊一个人倒可抵六七亩田呢。伊到今共生了六胎，二三四五全是女，都送给人家养去，第六胎是个男。伊生了这个男孩，照例出去当乳母，由大女儿看守着他，时时调些米浆给他吃。

"他生了不满四个月，身上有些发热，不住地啼哭。我不懂为什么，教大女儿好好抱着他，多给他吃些米浆。但是他的啼哭总不肯停，夜里也没一刻安静，声音慢慢地变得低而沙了。这么过了三天，他就死了。待我入城喊他母亲，伊到家时，他的小眼睛已闭得贴紧了……"

福堂不会将更哀伤的话讲述他的不幸了。但是足够了，这等没有修辞工夫的话，时时可以从不幸的人们口里听见的，里面深深地含着普遍而椎心的悲哀，使我只是瞪视着庭中的落叶，一缕奇异而深刻的悲绪，彷徨惆怅，无有着处。

福堂再装上一管烟，却不燃着吸，继续说：

"伊从此变了个模样了。伊不常归家，到了家只是哭，和我吵闹。这也不能怪伊，伊和我一样地舍不得这个儿子。但是我向谁去哭，和谁去吵闹？

　　"今春将大女儿嫁了，实在算不得嫁，给夫家领了去就是了。但我的肩上总算轻了些。

　　"家里只我一个人。

　　"先生，你若是不嫌我，我愿意长在这里，四亩种不得的田，我将转给他人去承种了。"

　　我才明白，他厌恶种田，我却仍使他种田，便是不期然而然怠业的缘故。

　　我所知于人生的，究竟简单而浅薄，于此更加自信。我和福堂做同一的事务，感受的滋味却绝对相反，我真高出于他么？倘若我和他易地以处，还没他这般忍耐，耐了二十年才决然舍去呢。偶然当一柄耙，种几棵菜，就自以为得到了真实的愉快，认识了生命的真际，还不是些虚浮的幻想么？

　　从"种田的厌恶种田便致怠业"，推衍出"作工或教书的厌恶作工或教书便致怠业"，更可归纳成一个公式："凡从事X的厌恶X便致怠业"。人们在无穷尽的路中，频频被不期然而然的怠业羁绊住两条腿，不能迈步前进，是何等地不幸和可耻！

　　X决无可以厌恶的地方，可厌恶的乃是纠缠着X的附生物。去掉这附生物，才是治病除根的法子。

　　艺术的生活……

　　那些鸾远而僭越的忧虑，一霎时在我心里风轮似地环转。我就觉这个所谓"现在的我"，是个悲哀，怅惘，虚幻，惭愧……的集合体。

又隔了二十多天，园里的菜真离了土了，叶瓣是薄薄的，一手可以将叶柄捏拢来；平均四棵重一斤。煮熟了尝新，味道是苦的。

以后我吃味道不好的菜蔬和果子，或者遇见粗制的器物，就联想到我家自己园里的苦菜，同时那些笃远而僭越的忧虑便在我心里风轮似地环转。

1921年2月6日写毕

隔　膜

　　我的耳际只有风声，水声，仅仅张得几页帆呢。从舱侧玻璃窗中外望，只见枯黄而将有绿意的岸滩，滩上种着豆和麦的田畦，远处的村屋、竹园、丛林，一棵两棵枯死的树干，更远处刻刻变幻的白云和深蓝的天，都相随着向我的后面奔去。好顺风呀！使我感到一种强烈的快慰。但是为了什么呢？我自己也不能述说。我将要到的地方是我所切盼的么？不是。那里有什么事情我将要去做么？有什么人我必欲会见么？没有。然而为什么快慰呢？我哪里能够解答。虽然，这很大的顺风总该受领我的感谢。

　　照这样大的风，一点钟时候我的船可以进城了。我一登岸，就将遇见许多亲戚朋友，我的脑子将想出不同的许多意思，预备应对；我的口将开始工作，尽他传达意思的职务。现在耳目所接触——风声，水声和两岸景物——何等地寂静，闲适。但这个不过是给我一个休息罢了，繁扰纷纭就跟着在背后。正像看影戏的时候，忽然放出几个大字，"休息十分钟"，于是看客或闭目养神，或吸烟默想，略舒那注意于幻景的劳倦。然而一霎时灯光齐灭，白布上人物重又出现，你就不得不用你的心思目力去应付他了。

我想我遇见了许多亲戚朋友将听见些什么话？我因为有以往的经验，就可以推测将来的遭逢而为预言。以下的话一定有的听见，重复地听见："今天来顺风么？你那条路程遇顺风也还便利，逆风可就累事了，六点钟还不够吧？……有几天耽搁？想来这时候没事，可以多盘桓几天，我们难得叙首呢。……府上都安好？令郎会走了？话都会说了？一定聪慧可喜呢。"……这等话我懒得再想下去，便是想到登岸的时候也不会完。我一登岸，唯一的事务就是答复这等问题。我便要说以下的话："今天刚遇顺风。我那条路程最怕是遇着逆风，六点钟还不够呢。……我大约有一星期耽搁，我们可以畅叙呢。……舍下都安好。小儿会走了，话说得很完全，总算是个聪慧的孩子……"

我忽然起一个奇异的思想：他们的问题既是差不多的，我对于他们的答语也几乎是同一的，何不彼此将要说的话收在蓄音器里，彼此递寄，省得屡次复述呢？这个固然是一劳永逸的办法，但是问题的次序若有颠倒，答语的片子就不容易制了。其实印好许多同样的书信，也就有蓄音器的功用——所欠缺的也只在不能预决问话的次序。然则彼此会面真有意义，大家运用着脑子，按照着次序一问一答，没有答非所问的弊病，就算情意格外浓厚。但是脑子太省力了。我刚才说他"将要想出不同的许多意思"，其实那些意思以前就想好，不用再想了，而且一辈子可以应用；他的任务，只在待他人问我某话时，命令我的口传达某一现成的意愿出去就是了。我若取笑自己，我就是较进步的一架蓄音器或是一封印刷的书信。我做这等器物已是屡次不一次了。

　　果然，不出我所料，我登岸不满五点钟，已听了五回蓄音器，我的答片也开了五回。

　　现在我坐在一家亲戚的书斋里，悬空的煤油灯照得全室雪亮，连墙角挂着的那幅山水上的密行题识都看得清楚。那位主人和我对面坐着，我却不敢正视他，——恐怕他也是这样——只是相着那副小篆的对联作无意识的赏鉴；因为彼此的片子都开完了，没有了，倘若目光互对而没有话讲，就有一种说不出的不好意思，很是难受，不相正视，是希望躲避幸免的意思。然而眼珠真不容易驾驭，偶不留意就射到他的脸上，窥见乌黑的胡须，高起的颧颊，和很大的眼珠。不好了，赶紧回到对联上，无聊地想那"两汉"两字篆得最有结构，作者的印泥鲜明净细，倒是上品呢。

　　我如漂流在无人的孤岛，我如坠入于寂寞的永劫，那种孤凄彷徨的感觉，超于痛苦以上，透入我的每一个细胞，使我神思昏乱，对于一切都疏远，淡漠。我的躯体渐渐地拘挛起来，似乎受了束缚。然而灯光是雪亮，果盘里梨和橘子放出引人食欲的香气，茶杯里有上升的水汽，我和他对面坐着，在一个极漂亮的书斋里，这分明是很尊敬的款待呀！

　　他灵机忽动，想起了谈资了，他右手的大拇指和食指撚着胡须说道，"你们学校里的毕业生有几成是升学的？"他发这个端使我安慰和感激，不至再默默地相对了，而且这是个新鲜而有可发挥的问题。我便策励自己，若能努力地和他酬对，未始不可得些趣味。于是答道，"我那地方究竟是个乡村，小学毕了业的就要拣个职业做终身的依托，升入中学的不到十分之二呢。"完了，应答的话尽于此了。我便大失所望，当初不料这个问题仅有一问一答。

他似乎凝想的样子，但从他恍若初醒的神情答个"是"字上以为推测，知他的神思并不属于所发的问题。"是"字的音波扩散而后，室内依然是寂寞，那种超于痛苦的感觉又向我压迫，尽管紧密拢来。我竭力想和他抵抗，最好灵机一动，也找出些谈资来。然而我和醉人一般，散乱而麻木的脑子里哪里能够想出一句话呢？那一句话我虽然还没想出，但必是字典上所有的几个字，喉咙里能发的几个声音拼缀而成的，这是可以预言的。这原属很平常，很习惯，算不得什么的事，每一小时里不知要拼缀几千百回，然而在此地此时，竟艰难到极点，好奇怪呀！

我还得奖赞自己，那艰难到极点的被我做成功了，我从虚空的波浪似的脑海里竟把捉住一句具体的话。我的两眼正对着他的面庞，表示我的诚意，问道，"两位令郎都进了工业学校，那里的功课还不差么？"这句话其实是从刚才的一问一答联想起来的，但平时的联想思此便及彼，现在却是既断而复续了。

"那里的功课大概还不差。我所以送儿子们进那里去，因为毕了业一定有事务派任，觉得比别处稳妥些。但是我现在担任他们的费用是万分竭力的了。买西文书籍一年要花六七十元，应用的仪器不可不买，一枝什么尺便需二十元，放假时来回的川资又需百元，……需……元，……需……元……"我的注意力终于荒散，所以对于他的报销账渐渐地模糊了。

这是我问他的，很诚意地问他的，然而听他的答语时便觉得淡漠无味，终至于充耳不闻。莫怪我刚才答他时，他表现出恍然若初醒的神情答一个"是"字。

我现在又在一位朋友家里的餐室里了，连我一共是七个客，都在那里无意识地乱转。圆桌子上铺着白布，深蓝色边的盆子里盛着色泽不同的各种食品，银的酒杯和碟子在灯光底下发出僵冷的明亮。仆人执着酒壶，跟在主人背后。主人走到一个位子前，取起酒杯，待仆人斟满了酒，很恭敬的样子，双手举杯过额，向一客道，"某某兄，"就将杯子放在桌上。那位"某某兄"遥对着主人一揖。主人拿起桌上摆着的箸，双手举过了额，重又放在原处。"某某兄"又是一揖。末了主人将椅子略动一动，便和"某某兄"深深地对揖。这才算完了一幕。

轮到第七幕，我登场了。我曾看过傀儡戏，一个活人扯动傀儡身上的线，那傀儡就会做拂袖，捋须，抬头，顿足种种动作。现在我化为傀儡了，无形的线牵着我，不由我不俯首，作揖，再作揖，三作揖。主人说，"你我至熟，不客气，请坐于此。"然则第一幕登场的那位"某某兄"是他最不相熟的朋友了。

众人齐入了座。主人举起酒杯，表现出无限地恭敬和欢迎的笑容向客人道，"春夜大家没事，喝杯酒叙叙，那是很有趣的。"客人都擎起酒杯，先道了感谢，然后对于主人的话一致表示同情。我自然不能独居例外。

才开始喝第一口酒。大家的嘴唇都作收敛的样子，且发出哜喋的声音，可以知喝去的量不多。举箸取食物也有一定的步骤，送到嘴里咀嚼时异常轻缓。这是上流人文雅安闲的态度呀。

谈话开端了，枝枝节节蔓延开来，我在旁边静听，只不开口，竟不能回溯怎样地推衍出那些话来的。越听下去，越使我模糊，几乎不辨他们所谈的话含的什么意思，只能辨高低宏细的种种声浪里，充满着颂扬，谦抑，羡慕，鄙夷……总之，一切和我生疏。我真佩服他们，他们不尽是素稔的——从彼此互问姓字可以知道——偶然会合在一起，就有这许多话讲。教我哪里能够？但我得一种幽默的启示，觉察他们都是预先制好的蓄音片，所以到处可开，没有阻滞。倘若我也预制些片子，此刻一样可以应用得当行出色，那时候我就要佩服自己了。

我想他们各有各的心，为什么深深地掩埋着，专用蓄音片说话？这个不可解。

他们的话只是不断，那些高低宏细的声浪又不是乐音，哪里能耐久听。我觉得无聊了，我虽然在众人聚居的餐室里，我只是孤独。我就想起日间在江中的风声，水声，多么爽快。倘若此刻逃出这餐室，回到我的舟中，再听那爽快的音调，这个孤独我却很愿意。但是怎么能得逃，岂不要辜负了主人的情意？而且入席不到一刻钟呢！计算起来，再隔两点钟或者有散席的希望。照他们这样迟迟地举杯举箸，只顾开他们的蓄音片，怕还要延长哩。我没有别的盼望，只盼时间开快步，赶快过了这两点钟。

那主人最是烦劳了：他要轮流和客人谈话，不欲冷落了一个人，脸儿笑着向这个，口里发沉着恭敬的语音问那个，接着又表示深至的同情于第三个的话。——"是"字的声音差不多每秒内可以听见，似乎一室的人互相了解，融为一体了。——他又要指挥仆人为客人斟酒，又要监视上菜的仆人，使他当心，不要玷污了客人的衣服；又要称述某菜滋味还不恶，引起客人的食欲。我觉察他在这八面兼顾的忙迫中，微微地露出一种恍忽不安的神情。更看别人，奇怪！和主人一样，他们满脸的笑容里都隐藏着恍忽不安的分子。他们为了什么呢？难道我合了"戴蓝眼镜的看出来一切都作蓝色"这句话么？

席间惟我不开口，主人也遗忘了我了。一会儿他忽然忆起，很抱歉地向我道，"兄是能饮的，何不多干几杯？"我也将酒食之事忘了，承他提醒，便干了一杯。

明天早上，我坐在一家茶馆里。这里头的茶客，我大都认识的。我和他们招呼，他们也若有意若无意地同我招呼。人吐出的气和烟袋里人口里散出的烟弥满一室，望去一切模糊，仿佛是个浓雾的海面。多我一个人投入这个海里，本来是极微细的事，什么都不会变更。

那些茶客的状态动作各各不同：有几个执着烟袋，只顾吸烟，每一管总要深深地咽入胃底。有几个手支着头，只是凝想。有一个人，尖瘦的颧颊，狡猾的眼睛，踱来踱去寻人讲他昨夜的赌博。他走到一桌旁边，那桌的人就现出似乎谛听的样子，间或插一两句话。待他转脸向别桌时，那人就回复他先前的模样，别桌的人代替着他现出似乎谛听的样子，间或插一两句话了。

一种宏大而粗俗的语声起在室的那一角，"他现在卸了公务，逍遥自在，要玩耍几时才回乡呢。"坐在那一角的许多人哄然大笑。说的人更为得意，续说道，"他的公馆在仁济丙舍，前天许多人乘了车马去拜会他呢。"混杂的笑声更大了，玻璃窗都受震动。我才知那人说的是刚死的警察厅长。

我欲探求他们每天聚集在这里的缘故，竟不可得。他们欲会见某某么？不是，因为我没见两个人在那里倾心地谈话。他们欲讨论某问题么？不是，因为我听他们的谈话，不必辨个是非，不必要什么解答，无结果就是他们的结果了。讪笑，诽谤，滑稽，疏远，是这里的空气的性质。

这里也有个热情的希望的笑容，在一个人脸上，当他问又一个人道，"你成了局么？"

"成了，"这是个随意的很不关心的答复。问的人顿时敛了笑容，四周环顾，现出和那人似乎并不相识的样子。

有几个人吐畅了痰，吸足了烟，喝饱了茶，坐得懒了，便站起来拂去袖子上的烟灰，悄悄地自去了，也没什么留恋的意思。

我只是不明白……

1921年2月27日写毕

阿　凤

　　杨家娘，我的同居的佣妇，受了主人的使命入城送礼物去，伊要隔两天才回来。我家的佣妇很艳羡的样子自语道，"伊好幸运，可以趁此看看城里的景致了。"我无意中恰听见了这句话，就想，这两天里交幸运的不是杨家娘，却是阿凤，伊的童养媳。

　　阿凤今年是十二岁，伊以往的简短而平凡的历史我曾听杨家娘讲过。伊本是渔家的孩子，生出来就和入网的鱼儿睡在一个舱里。后来伊父死了，渔船就换了他的棺材。伊母改嫁了一个铁路上的脚夫。脚夫的职业是不稳定的，哪里能带着个女孩子南北迁徙，况且伊是个消费者。经村人的关说，伊就给杨家娘领养——那时伊是六岁。杨家娘有个儿子，今年二十四岁了。当时伊想将来总要给他娶妻，现在就替他整备着，岂不便宜省事。阿凤就此换了个母亲了。

　　现在伊跟着杨家娘同佣于我的同居。伊的职务是汲水，买零星东西，抱主人五岁的女孩子。伊的面庞有坚结的肌肉，皮色红润，现出活泼的笑意。但是若有杨家娘在旁，笑容就收敛了，因为伊有确实的经验，这个时候或者就有沉重的手掌打到头上来，哪得不小心防着呢？

杨家娘藏着满腔的不如意，说出来的话几乎句句是诅咒。阿凤就是伊诅咒的资料。若是阿凤吃饭慢了些，伊就说，"你是死人，牙关咬紧了么！"若是走得太匆忙，脚着地发出蹋蹋的声音，伊又说："你赶去寻死么！"但是伊这些诅咒我猜想并不含有怨怒阿凤的意思；因为伊说的时候态度很平易，说过之后便若无其事，工作，算买东西的账，间或凑主人的趣说几句拙劣的笑话，然而也类乎诅咒，都和平时一样了。伊的粗糙沉重的手掌时时要打到阿凤的头上，情形正和诅咒相同。当阿凤抱着的主人的女孩子偶然啼哭时，杨家娘的手掌便很顺手地打到阿凤头上。阿凤汲水满桶，提着走时泼水于地，这又当然有取得手掌的资格了。工作暇时，杨家娘替阿凤梳头，头发因久不梳乱了，便将木梳下锄似地在头上乱锄。阿凤受了痛楚，自然要流许多眼泪，但不哭，待杨家娘一转身，伊的红润的面庞又现出笑容了。

阿凤的受骂受打同吃喝睡觉一样地平常，但有一次，最深印于我的心曲，至今还不能忘。那一天饭后，杨家娘正在拭一个洋瓷的锅子，伊的手一松，锅子落了地。伊很惊慌的样子取了起来，细察四周，自慰道，"没有坏！"那时阿凤在旁边洗衣服，公平和抵抗的意念忽然在伊无思虑的脑子里抽出一丝芽来，伊绝不改变工作的态度，但低语道，"若是我脱了手，又要打了。"这句话声音虽低，已足以招致杨家娘的手掌。"拍！拍！"……每打一下，阿凤的牙齿一咬紧，眼睛一紧闭——再张开时泪如泉涌了。伊这个态度，有忍受的，坚强的，英雄的表情。伊举湿手抚痛处，水滴淋漓，从发际下垂被于面，和眼泪混合。但是伊不敢哭。我的三岁的儿子恰站在我的椅子前，他的小眼睛本来是很灵活的，现在瞪视着他们俩，脸皮紧张，现出恐惧欲逃的神情。他就回转身来，两臂支在我的膝上；上唇内敛，下唇渐渐地突出。"拍！拍！"的声音送到他耳官里还是不断，他终于忍不住，上下唇大开，哭了——我从他这哭声里领略人类的同情心的滋味。他将面庞伏在我的膝上……后来阿凤晒衣服去，杨家娘便笑道，"团团，累你哭了，这算什么呢？"……阿凤晒了衣服回来，便抱主人的女孩子，见杨家娘不在，又很起劲地唱学生所唱的《青蛙歌》了。

　　杨家娘这等举动似乎可以称为"什么狂"。我所知于伊的一些事实，是伊自述的，或者是伊成为"什么狂"的原因。伊的儿子学习木工，但是他爱好骨牌和黄酒胜于刀锯斧凿。有一回，他输了钱拿不出，因此和人家厮打，给警察拘了去。警察要他孝敬些小费，他当然不能应命，便将他重重地打了一顿。伊又急又气，只得将自己积蓄的工资充警局的罚款，赎出伊受伤的儿子。调理了好多时，他的伤是全愈了，伊再三叮嘱他，此后好好儿作工，不要赌。孰知不到三天，人家来告诉伊，他又在赌场里了。伊便赶到赌场里，将他拖了出来，对他大哭。过了几天，同样的报告又来了；并且此后屡有传来。伊刚听报告时，总是剧烈地愤怒；但一见他竟说不出一句斥责的话，有时还很愿意地给他几百文，教他买些荤菜吃。——这一些事实，不知就可以激成"什么狂"么。

　　杨家娘既然受了使命出去，伊的职务自然由阿凤代理。阿凤做一切事务比平日真诚而迅速，没有平日的疏忽，懈缓，过误。伊似乎乐于做事，以做事为生命的样子。不到下午三点钟，一天的事务完了，只等晚上烧晚饭了。伊就抱着主人的女孩子，唱《睡歌》给伊听。字句和音节的错误不一而足，然而从伊清脆的喉咙里发出连缀的许多声音，随意地抑扬徐疾，也就有一种自然的美。主人的女孩子微微地笑，教伊再唱。伊兴奋极了，索性慈母似地拍着女孩子的身体，提高了喉咙唱起来，和学生起劲时忽然作不规则的高唱一般。

伊从没尝过这个趣味呢。平日伊虽然不在杨家娘跟前，因为声音是可以传送的，一高唱或者就有手掌跟在背后，所以只是轻轻地唱。现在伊才得尝新鲜的趣味。

唱了一会，伊乐极了，歌声和笑声融合，末了只余忘形的天真的笑声，杨家娘的诅咒和手掌，勉强做粗重工作的劳苦，伊都疏远了，遗忘了。伊只觉伊的生命自由，快乐，而且是永远的，所以发出心底的超于音乐的赞歌，忘形的天真的笑声。

一只纯白的小猫伏在伊的旁边。伊的青布围裙轻轻动荡，猫的小爪似伸似缩地想将他攫住，但是终于没有捉着。伊故意提起围裙，小猫便立了起来，高举前足；一会儿因后足不能持久，点一点地，然后再举。猫的面庞本来有笑的表情，这一只的白皙而丰腴，更觉得娇婉优美。他软软地花着眼睛看着伊，似乎有求爱的意思。伊几曾被求爱，又几曾施爱？但是，现在猫求伊的爱，伊也爱猫，被阻遏着的人类心里的活泉毕竟涌溢了。伊平日常常见猫，然而不相干，从今天此刻才成为真的伴侣。

伊就放下女孩子，教伊站在椅旁。伊将围裙的带子的一端拖在地上，引小猫来攫取。小猫伏地不动，蓄了一会势，突前攫那带子。伊急急奔逃，环走室中，小猫跳跃着跟在背后，终不能攫得。那小猫的姿态活泼生动，类乎舞蹈，又含有无限的娇意。伊看了说不出地愉快，更欲将他引逗，两脚不住地狂奔，笑着喊道，"来呀！来呀！"汗珠被于伊的面庞，和平日的眼泪一样地多；伊吁吁地喘，仿佛平日汲水乏了时的模样，然而伊哪里肯停呢？

　　这个当儿，伊不但忘了诅咒，手掌和劳苦，伊并自己都忘了。世界的精魂若是"爱""生趣""愉快"，伊就是全世界。

1921年3月1日写毕

绿　衣

　　潮水似的狂风在空际涌过，震得我室的窗楞楞地响。灯光似乎含着烦闷的样子，放不出光明来，只是昏晕和无力。钟摆声冷峭而急促，使我的耳官听着，引起徬徨不安的感觉。它告诉我，"你所期待的时刻快到了！……正到了！……已过了！"它绝不顾怜我的失望，只是滴答滴答地上它无穷的路程。

　　我室墙外是一条又长又暗的巷，一屋里各家的人都从那里出进，差不多是一条里，不过盖上屋面罢了。我坐在室内，听惯了巷里各种声音，是谁走过，是从什么东西发出来的，都能很清楚地辨别，没有错误。今夜已听许多声音经过了：提高了干燥的喉咙，发出撕裂似的声音，唱《黄金台》又转唱《牧羊卷》的——腔调自然不合传习的节拍——是住在后屋的漆匠阿喜。隔了一会，又听同样的声气和句调在巷里经过，我却知他不是阿喜，是阿喜的兄弟阿和；阿喜走路时脚尖着力，阿和却着力于脚跟，因而作突突的声音，从这一点我就将他们俩分别出来了。脚声懒懒的，而且常伴着痰嗽声的，是被公推为痰王的许老三。从他的脚声痰嗽声入我耳官，由远而近，更由近而远，终于听不见，足足要两分钟。后来有絮絮的对语声，充满了怨恨和悲伤，听不清说些什么，知是同居的佣妇翁妈和林家娘，她们一个讲伊的媳妇，一个讲伊的婆，她们都自认为世上最不幸的人，只将怨诽和诅咒为生活。与对语声同时听见的，是延长而有高低的呜呜声，这是从那条肥大的雄的黄狗叫做兴旺的喉间发出的。接着便是它一阵含怒的吠声，和翁妈很顺便的咒骂，"你这杀千刀的狗！"那些声音过后，巷里寂静了好久，只听见窗外的风声和窗的震动声。……巷里又有轻快的脚声了，一定是个孩子，许家的二官呢，还是金家的康官？定是康官，那脚声里含有快乐活泼的意思呢。但是我所期待的声音何以不来？凡不是我所期待的，偏偏一种一种地闯入我的听觉里。

我所期待的，是一种沉重而紧急的脚声，很快地在墙外经过，接着我的室门呀地开了，一个人发自然的警告的声音，"先生，邮件来了。"这时候那个穿着平和的绿色的邮差制服，肩上背一个包，里面很饱满的样子，一手提着玻璃灯，一手拿着一大束邮件的，就给我满意地看见了。他瘦削的两颐在灯光里显出苍白的颜色，长及肩的头发从帽沿下茸茸地分披开来，圆而大的目睛不停地检视他手里的邮件。这个容貌若在别的地方，多少要引起人的不快，但在我这个当儿遇见他，只觉得他没一处不可爱。今夜我从天上收了最末了的光的时候起就急切地等着，他只是个不来。每天邮船到镇，虽然因风着的顺逆，有些早晚，但他每晚来的时刻，来得最晚的那儿次的时刻现在都超过了。他今夜将来得更晚么？或者竟不来了么？

我随便检一本书来看，想将我不安的心潮平静下来，然而没有什么效验。送到我眼睛里的，只有一行一行的黑痕，几行间总夹着一个短的，愈使我心异常烦躁。翻转一页吧，依旧是这样，哪里可以寻出个头绪来看下去呢？我就将书掉在一旁，握了笔蘸了好一会墨，相着铺在桌上的那方白纸，想随意写几个字。但是写什么呢？

我觉得和世界隔绝了，那种心底的孤寂，失望，怅惘，几乎使我不信我和世界是真实的。和我隔离的人们，在我室以外的地方，我本来没有直接的方法可以证明他们的确实存在，除了根据着我热烈的信仰。从他们那里，天天有个消息传来，更使我的信仰坚强而恒久。于是我自知我的心和世界的心团结在一起，而且刻刻在那里起交流的作用，我的生命真实而有意义呀！现在，但是，从他们那里来的消息是阻隔了，杳沉了。我那唯一的热烈的信仰摇动了，倘若设想他们是虚幻，是"无"也不是不可辩护的。他们既是虚幻，是"无"，一切和我绝缘，我不是被围绕在一个大虚空里么？我的情绪更从哪里去求着落，我的意志更从哪里去求趋向，我虽欲强证我的生命真实而有意义，也有些不可能了。

那个每天传来的消息势力真伟大，他能给我们安慰，保证，勖勉，鼓励……总之，他能使我们快乐长进。我想起我家的佣妇方妈的故事了：有一夜，邮差来的时候，他从包里拿出寄给我的信件，还问我这里可有个方老太太，伊有一封信呢。我没有想起伊，答说没有，并且一屋子里连姓方的人家都没有，因为我从没见伊接过他方的来信。这个时候，惶急而希望的神情突然现于伊的脸上，伊发颤动迟疑的声音道，"是我儿的么？"我才醒悟，接那封信一看，果然是吴镇来的，便道，"正是你儿子的。"伊的声音更强涩，说出每一个字都有几秒时的间歇，道，"请先生给我看一看。"我拆开那劣制的信封，抽出一张薄而皱的笺纸，上面横七竖八地写着六行字；意思是说半年来在行里很安好，请母亲不要悬念，并问母亲身体可安健；句子不很通顺，还有十六七个别字，我猜想了一会，才能明白地了解。我就讲给伊听。伊凝神听着，惶急的神情渐渐转换为慈爱喜悦的笑容。伊的上下唇合着，似乎正将伊儿子传来的话细细咀嚼，咽入心的深处。这种滋味，决不是甘甜鲜美等形容字可以形容得来的；这个我从伊的笑容——难得呈露于伊脸上的——推测而知。伊极郑重地接我手里的信——伊儿子的信——看了又看，其实是颠倒着，伊却比识字的人看书还要注意而真诚。本来不识字有什么要紧呢？伊只知这是伊儿子写的，每一笔墨痕都是伊儿子精力的宣泄，里面更含着他真挚亲爱的心，看着这张纸就仿佛见了重于生命，晨夕想望的儿子，而且己心和儿子的心黏合了，融和了。更何必管文字形体的识不识呢？伊看了一会，将信笺折叠端正，袋入信封，自去藏在卧室里。伊回出来做一切杂作，比平日轻松敏捷，脸上发一种喜悦安慰的光，也是平日所没有的。这就是传来的消息势力伟大的证据。

　　我平日对于方妈这一桩细小的故事本不注意，因有今夜的失望，才觉这是一桩微妙的事，才重新咀嚼里面所含的意味。这个又好似给我一面镜子，使我照出我每天迎入绿衣的那个人，细读他给我的种种消息之后，也有同伊一样的欣慰的神情。不过这是陶然如醉的境地，当时自己不能知觉罢了。我每天得到这个，似乎很平淡，没甚希罕，今夜却使我对于伊那夜的幸福生妒。倘若今夜那绿衣的人依旧推开我的室门，喊一声"先生，邮件来了"，我此刻不是很幸福的人么？

　　他若是来了，我此刻不是读信看书报，便是作寄人的信，正游心于极乐之天呢。读的写的是文字，这不过器具罢了，我把来应用，心里必不觉得有文字；我将与世界的人们为灵的会晤，我将给他们以灵的答话，我和他们且将没有分别，只是一体。我于是扩大了，超升了，虽然在狂风孤灯的夜间，破窗暗壁的室中，我总是个光明的，真实的，快乐的我。

他竟不来！我的心如一个人伸出两手求他人把握，筋骨都酸痛了，而没有一只手来相接触。又如漂流孤岛，长呼求援，喉咙几破了，只闻唯一的，幽默的，自己的呼声，而没有望的答音。那些都可以使人起一种想念，以为环绕于己的应是虚空梦幻，怪异莫测，而己身已沉沦其中。现在的我不就是这样么？

盼望和沉思，终于转为玄秘。灯光，桌上陈列的东西，室内灯光以外的阴影，风声，窗的震动声，钟摆声，和自己的呼吸声，一切都退出我的脑子以外。我目无所见，耳无所闻，甚且心无所思。也是个陶然如醉的境地，但和我平日所遇的不同。

1921年3月11日写毕

小 病

　　伊的身躯受不起风。昨天我们到学校，从田亩间走，如狂的南风吹得伊的面庞发红。今天傍晚，伊忽然觉得寒冷，周身都像收缩拢来，脑子又岑岑地发胀。伊就睡在床上，裹了两条被，仿佛一层薄布，原来冷在身体的内部。隔了两点多钟，冷势退了，却换来了焦热。鼻孔里呼出的气好似炉火旁的炭气，额角的血脉跳动得迅速而显著，面庞呈鲜红的颜色。

　　虽然伊是小病，但不由我不徬徨，忧虑。活泼，恬静的河流好比我们的生命，一个激越的波浪便足以引起心的不安。这剧冷和剧热岂是伊所能堪！一个寒噤，一回抖颤，一个过速的脉跳，一次沉重的呼吸，都不是伊平日的习惯，如今为何忽然会集于伊身？我欲为伊立刻驱除这些，但有什么法子呢？我也自慰，这是小病，明晨热退——而且是可以断言的——便一切都复旧了。然而何以处现在？现在伊的痛苦是真实的，我不能为伊驱除，这自慰的思想不终竟是空虚的么？

　　现在伊热极了，止盖一条被，而且褪到胸口。头枕着右臂，散乱的发堆在枕上。眼皮掩没了目珠，成很细的两线。奇异的红从面庞通到耳后。我抚伊的额只觉触手的热。

一样的灯光，一样的居室器物，但绝对不同的是此刻和平时的情绪！这是个描写不出的。旁巷里每天听惯而又很欢迎的脚步声来了，我室的门呀地开了，那绿衣人给我许多邮件，我就伏在伊床前的桌上阅看。那有平日看得精细，那有陶醉似的境地遇到，那些邮件仿佛笼着一重烟雾。

大略看完了，我便看伊。伊已入了睡眠，有极轻微的鼾声可以听见。我愿伊这睡眠是甜蜜的，身体上一切不舒服不能侵入这个王国。又愿伊在这睡眠期间出一身汗，退净了热，待醒时全体舒适，和平日早晨醒来时一样。这些决不是虚空的愿望，我是这样坚信着。因有这些愿望，使我屡屡看伊，坐在伊的床沿，更不作别的思想。

"你不要去！"伊突然这样呼唤。我所坚信的愿望竟成虚空，伊的睡眠这么短。

"我在这里，不去，"我安慰伊。

"小说……不要同他们做……你不要去！"

我听伊的话没来由，推知伊实并不曾醒。这因热极，神经昏乱了，所以呓语起来。震荡的心使我不能思想，不知如何是好，只对伊呆看。

"什么？"隔了一会，我才不自觉地这么问。

"改小说呀！你在那里同他人改小说呀！"

"我没有改小说，我坐在这里。"

"你苦极了，这么深夜，还坐着手不停地写，"伊阖着的眼里泪珠像泉水一般涌出来，从颊上流到耳际。伊的面庞呈非常痛苦的表情，但伊还是睡着。

这时候我的感觉异乎平常：伊醒时的鼓励，安慰，乃至极寻常的一言一笑，何尝不使我的灵魂欣悦奋跃，得所寄托？但现在这呓语，这眼泪，更超出了醒时的一切，是爱的表现，自然的而且热烈的，使我心的感动达于不可形容的程度。

伊哭泣不止，阖着的眼才张开来。我为伊揩了眼泪，扶伊坐起，道，"你清醒吧。现在刚才入夜，我坐在你的旁边，并不改什么小说。"

伊虽然坐了起来，依旧是很坚信的样子，流泪说道，"我看你伏在桌子上，右手很快地移动呢。这不是太苦了你么？"

"你看桌子上有没有纸，笔，砚台？"

伊怅怅地望着桌子，果然没有笔，纸，砚台。但伊热极的脑子还不很清楚，只觉伊刚才所见的剧烈地感动伊的心，回思还有余哀，泪珠如急雨初过，剩留残滴。

1921年3月26写毕

疑

　　近来伊的身体不很旺健。伊是非常爱惜自己的身体的，因为这是生命的表现，自我发展的工具。伊每一回对镜时，见自己的面庞比前瘦了，更瘦了；以前红润的颜色不复可以看见，只满被着苍白。伊每行动一会便觉气喘，吸入的气和呼出的气在肺管里乱挤。什么轻便的动作总引起伊的困乏，便是躺着休息时，也觉周身包围着一种不可名言的不适。

　　伊于是恐惧起来，这是什么朕兆呢？可怕而剧烈的病么？伊天天能够起来，也吃少量的食品，除了面无神采，气喘，周身不适，一切和常人差不多，不见得是什么剧烈的病。隐伏而惨酷的病么？伊以为这倒有些像。有些人照旧吃喝戏耍，而内部主要的脏腑已腐败不堪，一朝发觉，什么法子都不能挽救了。伊想倘若这正是自己现在的情形，这是何等地可怕！要解决这个疑惑，只有到医生那里去。但是，医生倘若证实这个猜想，说你内部的脏腑确然在那里逐渐腐烂，那时候将怎样呢！不要去吧，任身体之自然吧，然而也不行。果真有什么病潜伏在里面，还是医生或者有医治的法子。不过惊怖的心不将减损医药的效力么？

一种茫昧的意志使伊竟到了医生那里。医生说，"你营养排泄一切和常人一样，足证别的内脏没什么病。我看你身体这么衰弱，更兼气喘，或者肺脏里有些儿毛病？"

"肺脏！"伊如堕失望之渊，半晌续不下去，"……还来得及医治么？"

"这是我的猜想，并非断言。肺脏的病到有外面的征象的时候，已是无可为力了。而当病原潜伏时，平常竟无法可以觉察，我们医生也须用一种试验的法子。用药品注入皮肤，一两天后，看那里红肿而作脓，便是确有病原潜伏在肺部的表示，方才可以辨认呢。辨认出来时，还不过是病的最初期，赶紧医治，可以不致蔓延。你为决疑起见，不妨先试验一下子。"

世上的医生往往是很冷酷的样子，他们能治人身体的疾病，却不解安慰人心魂的惶惧。他们视人的身体等于一件无机的东西，要穿凿便穿凿，要解割便解割，竟不管这等举动将要碎身受者和旁观者之心。试听那位医生对伊说的话，他将一件极重要极酷惨的事看得何等地平淡！他对于伊的惊惶疑惧何等地没有同情！他随意说了这些话，在伊却像受了更艰难更可怕的功课。

伊想这么一个试验法虽然是便捷，然而实在悲惨。倘若一经试验，皮肤上真个红肿而作起脓来，这就是一个确实的回音，"你的病根是种着了！"医生虽然说，这不过是最初期，可以仗医药的力量不使蔓延，但是那些已经占有地位的细小的病菌，却无法使它们死灭；自己的身体里藏着这等危险东西，还有什么生趣？伊又想伊的父亲母亲都是患了肺病死的，自己当是个极易染肺病的人，倘若大胆地请医生一试，十之八九是要有反应的。这个死刑的预告，哪里可以担当得起！不要请他试吧，只当没有这回事吧，这又哪里可以？虚空的疑虑和真实的惶惧，一样可以使人彷徨无据，意兴索然。然则姑且一试吧。也许没有肺病，所以不起反应，那些衰弱的现象仅仅为了衰弱的缘故。果如此，自己就会有新鲜的朝气，更生的希望，热烈地活跃于心头。此后将身体的衰弱慢慢地医治好了，自己便是个健康而快乐的人。这个莫大的安慰也须一试之后方可得到，姑且冒一回险去换取这个安慰吧。反应呢？只以独断的判定认他是不会起的……

伊循环往复地这么想，一会儿欲奋一奋勇气，一会儿勇气又给恐惧的心战胜了。末了伊想，不请他试则只有恐惧，一试或者可以遭解放。伊无可奈何地心情里便决定竟请他试，伊的喉间随着发出抖颤的一句话，"请你给我试验一下吧。"

医生取出一柄锋利的小刀，在伊的左臂划了四条血痕，伊不敢看，身体上有一种寒噤似的感觉。医生更取出三种药水，逐一滴在伤处，只留着末一条血痕不滴。伊极惊怯地偷看臂上，鲜红的血已和淡黄的药水混和了，还慢慢地渗入皮肤里去呢。

现在是已成事实了，药水注入了皮肤，伊又害怕起来。倘若肺部果有病原伏着，臂上就要明明白白地宣告出来，这是身体永不会康健的宣告；于是就有荒凉枯寂的丘墓，灰败无光的白骨，这些是自己的结局，历历呈现于自己的幻想里，多么可怕！伊便祝祷这些药水和清水一般，或者已失了药性，不会有什么作用。更愿这几条血痕同猫儿抓碎的或是剖果品时小刀割碎的一样，不几日脱了痂，皮肤完好，更没什么别的现象。伊只怕药水和皮肤没有灵魂，不能领受而且允许伊的祝祷。

伊因为欲取得安慰，欲从惶惧里解放出来，才大着胆冒着险请医生一试。哪知一试之后，安慰既没有得到，惶惧的质素却更为浓厚，自己被它拥抱得更为紧密了。医生对伊说，"平常一昼夜之后，要起反应就起了。但也有例外，有些伏着病根的人要四天之后才起反应呢。"伊想这一昼夜怎么过，而且也许要四天！

伊到了家里，只对着左臂呆看。但是看见些什么呢？雪白的纱布裹着伤处，两条橡皮膏将纱布粘着。伤痕是怎样了，全然看不见，只觉得微微有些儿痛。痛了，是发肿作脓的先导么？一昼夜之后，揭来看时，大约要看见热红浓白的四个疮了。一缕失望的悲哀周布到伊的全身，苍白的面庞便现出淡红的颜色。这又很像，许多患肺病的人不是都有这个现象么？

伊便想起伊的表妹，前年同伊分别时，伊是很健全的，伊在高等小学校读书，活泼而快乐。半年以后，他们家里写信来，说伊患了肺病，现在正在多方医治呢。这个消息的传来，当时使己非常惊异，后来就渐渐地不把这件事放在心上了。隔了三四个月，他们家里又有信来，说伊死了！那时己就很恐怖地想，这个病怎么竟医不好，十四岁的伊竟死了。

伊又想起一个朋友，伊是在学校里教体操的，身躯高大而强健，精神的发皇也和身躯相称。己和伊简直不能相比。后来分别了一年，彼此未通消息。忽然有人对己说，伊已死了。什么病呢？说是肺病。当时己非常奇怪，竟至描写不出，伊这样的精神体魄，怎么也会染了肺病。但是这等心情不久也就淡薄了。

伊于顷刻之间，从亲戚朋友中想起了十几个患肺病而死的，他们默默地患病，猝然地死，仿佛是走的同一的路。伊虽然因为当时年岁尚幼，不能知父母的病状死状，但听人家的述告，他们也未能外此。他们染了隐伏而惨酷的病，先前并不知道，后来外面的征象呈露了，医生又加以证实了，这个死刑的宣告，一定引起他们深刻酷烈的悲哀。然而旁人和己哪里知道他们呢？一个人间最可哀伤的音信传来，也不过引起己暂时的悲感和惊异，"可惜呀，这么一个人！"时移情换，连这句话也不说了。己原来不曾知道他们，自然不能于他们有深挚的同情。现在呢，他们所尝的滋味便是己此刻所尝的滋味，虽然己的有病与否还没证实，所以十分地了解他们，对于他们新生一种深挚的同情，低弱的脉搏仿佛为他们作挽歌，疲倦的眼腔里为他们流哀伤于得到他们死信时的泪。但是他们去了，谁更和己抱同情，流泪，作挽歌呢？

伊更看和己同处的人，都是极亲爱的，他们时常予己以安慰，说这是没有的事。然而这等安慰总觉和己隔膜一层，所以只益伤感，无济于事。他们没有和己同样的感觉，哪里能够知道己恐惧惊惶的痛苦呢？伊更想着或者快与他们别离了，便觉灵魂都麻木了起来。

四天之后，伊揭开纱布来看，已揭过几十回了，——四条殷红的痂平平地横在皮肤上。这真是个从未经过的安慰。伊看着窗前经雨的小草，梅树上才透一粒豆似的叶芽，和墙上光明的太阳，都含有新生的深意。伊就流出欣悦感慰的泪来。

1921年4月10写毕

潜隐的爱

命运和愚蠢使伊成为一个没人经心的人。伊仿佛阶前一个小的水泡,浮着也好,灭了也好,谁还加以注意呢?伊有小而瘦的脸庞,皮肤带着青色;眼睛圆睁,看外物时常呈怅惘的神情;微带红色的发生得非常之浓,挽成发髻,臃肿而散乱,更增全体的丑陋。

伊从小时就许配陈家第二个儿子。十一二岁的时候,邻家的妇女或是自己的母亲同伊戏言道,"陈家来迎你了,你快去打扮齐整做新娘子吧。"伊的蒙昧的心灵里就有一缕不知为什么的羞愧使伊涨红了脸,咬着舌端低下头来。从此伊知陈家是自己将来的世界,但是为什么要加入这个世界,和这个世界是怎么情况,伊全然没有本领去推想。

伊十七岁的时候,命运判定,那个将来的世界到了面前了。伊就认识伊的丈夫,公公,婆婆,和寡居的嫂嫂,——认识各人的面貌罢了,并非认识各人的心,——他们也都认识了伊;此外一切如故。村镇人家的妇女大都做一种工作:剖麻至细,将两端接着,用指头捻合成极长的麻线,预备织麻布。伊跟着婆婆嫂嫂做这一种工作,他们默默地各自坐着,只有一只左手和右手的两个指头是常动的，无论是光明的朝阳，和爽的好风，清丽的鸟声，总不能使他们抬一抬头。

不幸伊的丈夫又践了他哥哥的足迹。原来他的哥哥娶了亲不到半年便患肺病，病了三四个月便死，现在他正遇了绝对相同的情形。这个就非常可疑，这种毒虫何以必发生于娶亲之后？然而他的父母何尝疑到自己对于儿子的举措有无过误呢？他们只是哭泣，只是叹息，以为命运见欺，无可奈何。但仍有可以自慰的，则三儿四儿年纪已不小，就可以给他们娶亲了。娶了亲生个孙儿，那是极快极容易的事，他们俩想到此，不由得收泪而作甜蜜的遐想。那位寡嫂引起了自己摧心的伤感，暗地落了无量的泪，但也减退了对于婶子的无名的嫉妒，心想现在你与我是同等的人了。

伊失了一个丈夫，也觉得十分悲伤，学着别人家伤逝的模样晨晚号哭；更起一种异样的感觉，以前好像一切都有归宿，现在自己的归宿是什么呢？伊的脸庞从此瘦起来，且转为黄色，更由黄而青。伊本来不大会说话的，现在更不常有话说，况且同谁去说呢？伊到水埠上去洗衣服经过街上时，仿佛有一种凄苦悲哀的空气围绕着伊的全身，邻人从背后指着伊互相告语道，"这就是陈家的二奶奶，可怜才十八九岁呢！"

伊从此止有个狭小的世界，就是自己。公公婆婆本来为儿子而娶伊的，现在儿子已死，照例给伊吃饭就是了；嫂嫂本来对于伊抱着无名的嫉妒，现在仍旧不能因境遇相同而互相接近；于是伊分外地孤独。

风瘵的病忽然来寻伊，伊是年轻而无知，怎能知道应该怎样地医治和调摄？咳嗽的声音几乎没有一刻工夫间断，而且转哑了；青苍的两颊给体热烧得通红，显出粒粒鲜红的点子；伊还是照常操作。家里的人也不教伊去歇歇，也不教伊到医生那里去诊治，吃一些药，也不教伊避着风。伊实在支撑不住，回到冷寂阴暗的卧室里，躺在床上，这么就过了三四天。这三四天里，竟没一个人走进去问伊好不好，或是给伊一点茶水，只有屋漏里透下来一线的阳光来而复去，告诉伊又经一周昏晓了。

伊家的右面原有一所空屋，近来有人家迁入居住了，这在伊也殊不关心。有一天，一个佣妇抱着一个三四岁的孩子走进来，伊的眼光突然一亮，心里起一种愉快的感觉。那孩子的面庞红润而肥嫩，笑的时候现出浅浅的两个涡儿；柔美的发覆到额上，修剪得很齐，眉毛淡淡的，眼珠乌黑，活泼而有晶莹的光；小嘴略为低陷，四围凹凸的曲线显出异常的美；真是个可爱的孩子。伊的婆婆问那个佣妇，佣妇说，“我们是新搬来的，阿观喜欢出来玩耍，故到此望望。”

伊就这样想：这孩子多么有趣，简直和洋货店里摆着的洋娃娃一样。伊看了又看，只觉以前从没有经过这样的快活。那佣妇立了一会，抱着孩子自去。伊怅怅地望着，心想他们去了——何不再立一刻？这实在舍不得。但是惧怯惯了的口里竟说不出欲留他们的半个字。

幸而伊的怅然失望不隔几天就得到了安慰，那个孩子又牵着佣妇的手来了，此后并且时常来玩耍，或是坐在廊下弄花草，或是佣妇抱着孩子看姑媳三个接麻，口里还唱着“村歌”教他。这里常常和小孩说笑戏耍的是婆婆和长媳，二奶奶照旧守着伊的沉默，只是出神地相着他，独自领略那得到安慰的甜蜜的滋味。

　　但是伊又有新的想念了：伊妒那个佣妇常常抱着那孩子，有时脸偎着脸至于半晌，有时可爱的小嘴吻着伊干黄的脸皮。这些是何等的快活，安得使己也这么乐一乐呢？倘若可以得到，只须乐一乐，便什么都不要了，死也情愿了。伊更如梦似地想，倘若那个佣妇被辞退了，己当去接伊的任，或者可以邀他们的允许。然而这个希望太奢了，只消抱一抱，于愿已足，再不要想别的吧。

　　伊常常这样想，成为伊新添的功课。这实在是极困难的功课：从没和他说笑过，玩耍过，哪里就可以抱他？人家素来不放伊在眼里，什么事都没有他的分，又怎能去抱邻家的孩子？热烈的希望鞭策着伊去搜寻成功的方法，竟没有一丝儿引导，不觉忧虑起来。在伊简单的心里，这是第一回的忧虑呢。

　　孩子仍然来玩戏，他带着有机关的小猎狗，彩色的积木，尺多长的洋娃娃一起来。他将积木在椅子上搭起一座桥。他抿着小嘴，眼睛专注于椅上的建筑物，厚而白的小手很灵活地搬动，这是一幅难以描绘的美画。后来桥工完成，居然是一座齐整的桥，他拍手笑说道，"可好玩？"大家赞道，"阿观真聪明！"他也不理会他们，教佣妇旋转那小猎狗的机关。佣妇替他旋了，他就放在桥堍，要猎狗奔上桥去。手一放，猎狗前后颠动，将桥撞坍了。他又哈哈地笑起来。于是捉住那猎狗，亲着他的嘴说道，"你撞痛了，你和洋娃娃一同去睡罢。"便将猎狗和洋娃娃并头横放在椅上。

　　二奶奶手里接麻，眼睛只注着他的全身，觉得爱他的心几乎要迸裂出来了，非抱他一抱或者就会生病；但仍旧没有妥善的方法。忧虑进而为惶急，眼眶里就渗出泪来。这只有伊自己知道呢，他人对伊向来不经心，所以伊心里藏着唯一的希望，忧虑，惶急，眼眶里含着爱的泪，都没有察觉。

　　这一天是燠热的天气，陈旧的屋子里一切都潮湿，地上更是泼了油似的。下午的时候，邻家那个孩子又来了，他手里牵着一条线，佣妇跟在背后，手中拿着一方红纸，那条线就穿在这纸上，他们算是放风筝呢。他在屋内环绕地奔走，佣妇手中的红纸已脱了手，那张纸起先飘飘地吹起，后来落了地，再也不会升起来了。他着了急，奔得更快，脚下一滑，全身磕在地上，正在二奶奶的旁边。这时候伊简直没有一些思想，极迅速地停了手中的工作，立起来，将他抱起，——都是直觉的冲动的动作。他着了痛，哇地哭了，脸庞紧紧伏在伊的肩上。伊心里方才有想念：他这一交使伊异常痛惜，比发风痧的时候对于己的痛惜还强烈。柔而湿的小脸庞贴在伊的颊上，伊满身感一种甜美的舒适，每一个细胞的内心都舒适。伊忽然想，每一刻里都想望的小宝贝现在不是给我抱着了么？这是真的么？不是梦里么？哇哇的哭声，颊上的感觉，都证明这是千真万真的，于是将颊部凑过去贴得越紧。伊入世将近二十年，这一刻才尝到世间真实的快乐，觉得生活有浓美的滋味。伊的生命里有一种新生的势力剧烈地燃烧着，"现在自己的归宿是什么？"此刻是不成问题了。伊那丑陋的脸上现出心醉魂怡的笑，表示伊对于一切人们的骄傲。

　　艰难的功课现在给伊战胜了，晨夕梦想而不可得的一抱，忽然机会相助，竟给伊满足了欲望。伊的怯懦的心从此强固了好些，方信这一个希望并不是遥远而达不到的。本来抱一抱邻家的孩子，有什么大不了事，便是天天去抱他一抱，婆婆未必就说，嫂嫂未必就笑，那个佣妇或且因替了伊的劳力，还要感激不尽呢。然而怯懦的心使伊看得这一事非常之困难，仿佛骆驼要穿过针孔一样。但现在经事实证明，困难已成过去，伊就时常抱那个孩子。那个孩子也不觉得不习惯，虽然不特别和伊亲爱；他和佣妇抱着时一个样子。这个，但是，在伊已十二分满足了。当肥白的小手抚伊的额角，温软的小脸庞亲伊的颧颊时，伊觉得己和他已合而为一，邀游于别一个新的世界，是亲爱和快活造成的；而眼前的婆婆嫂嫂，自己冷寂阴暗的卧室，和使己两手作酸的接麻的工作，那许多造成的旧世界早已见弃于己。而且是毁灭了，没有了。

这一天伊没有工作，就抱着那孩子到附近田野里去游玩，同他坐在草地上，唱些很拙朴的歌给他听。他坐了一会站起来，看青苍的天上浮着些小绵羊似的云，小鸟飞来飞去好像有人在那里掷小砖块，"居即"一声，就不见了；他面上现出又静默又妙美的神情，不知他小心灵里起了什么玄想？他又看数十条麦陇一顺地弯曲，直到河岸，都似乎突突地浮动，河中小船经过，不见舟身，只见几个舟人在麦陇尽处移动。这都引起他活动的天性，他就奔驰跳跃，发出快活优美的声音喊道，"几个人过去了，他们身体一摇一摇的，在那里牵磨呢。……去了，远了，看他们回来不回来。"

伊赶忙起来牵住他的手说道："我来抱你吧，不要疲乏了你的腿。"他不肯给伊抱，只是跳跃着看小舟上的几个人。伊极和婉地劝道，"便是不抱，也须好好儿慢慢儿走，再不要跳了。"他从了伊的话，嘴里还嚷着"不见了！不见了！"伊便携着他的手缓缓而行，心里感着不可说的安慰。

回去的时候，伊买了些糖果纳入他的袋里，教他慢慢地吃。这已做了好几回了。伊所有的钱便是接麻的工资，数目微少，够不到买一件衣服或是一些首饰，所以只藏在床角，时常拿出来数数，好像数数便是那些钱的唯一的效用。近来伊发明了钱的用途。伊想倘若买些东西给他吃，才表示我爱他的真心，他也必然喜欢的。伊从没吃过糖果，也不知道糖果是什么滋味，看人家都买了给孩子们吃，伊就学着他们的样。伊认那些糖果就是自己的劳力，将劳力馈赠与他，实在是无上的快乐，而且这才觉得每天的工作确有甜美的意味。总之，伊的外形虽然并没变更，别人看伊时依然是愚蠢和不幸，实则伊内面的生活变化了，伊的近二十年的往迹，悉数解放了对于伊的束缚，伊是幸福，快慰，真实，和光明了。

那个孩子忽然一连六七天没有来，这使伊十二分懊丧，好似失掉了一件最宝贵的东西似的。为了什么缘故呢？他父母不许他来么？那佣妇不在家么？他病了么？伊不敢再往下想，伊很悔恨这第三个疑问忽然闯入脑子里。倘若果真是这样，那种真切的悬心和忧愁不将碎伊的心么？伊工作全然没有精神，晚上睡眠也不很安稳，刚才朦胧入睡，忽然身体仿佛跌入万丈的深渊，一跳便又醒了。醒了便尽想：那孩子的一个笑脸，一回跳跃，一句简短而可爱的话，一个活灵而异样的姿势，都反复温习，觉得样样含有甜蜜的意味；但现在是和他分别了多日了。回想之外，更引起了缠绵深挚的相思。消息不通，猜度的思想往往引着恐怖同来，这更使伊中心历乱，觉是有生以来第一回尝到的不快。伊常常盼望佣妇到来，好问个究竟，伊又杳无影踪。有了空工夫，便到门前去等候，或者有些儿消息。伊望着那家的墙门，心里念着里面的他，伊的眼睛本来是怅惘的神情，现在又加上了凝想和失望的愁容，竟有些像神经病者，往往引起行人不很深切的注意。然而那个墙门里那有什么消息给伊呢？

　　伊分别那孩子的第十天，那个佣妇才独自到伊家里来。伊的婆婆便问道，"阿观为什么不一同来？"那佣妇坐定，嘘着气说道，"这几天我们一家慌忙得够了，阿观生病呢。"二奶奶听到这一句话，头脑如突受打击，岑岑地发涨起来；"怎么！"两字同时不知不觉地发于伊的喉间。那佣妇只顾继续自己的话，"他是发热，又咳嗽，不想吃东西，只要昏昏地睡。我和男女主人轮流守着他呢。幸而现在好了，最利害的是起头的四五天。"伊说完了，自和二奶奶的婆婆讲别的话。二奶奶因此定了心，不可堪的恐怖好像急雨忽来，难以躲避，幸而片刻之间，雨点全敛，依旧是日朗天青。但是，伊总是异常记念他，不知他病后怎么样子。还是从前这样快活么？正想念着做他新伴侣的我么？最好见他一面，才得安慰久别和悬系的心。然而他住在他的家里，一道砖墙立着，便阻隔了两地相思的人。这又使伊徬徨踯躅，劳心焦思，竭尽伊可能的力量只是筹想，欲得到一个满足欲望的法子。

　　一带破砖墙旁边开着一丛荼蘼花，白得像一个一个小雪团，他们是从不会引人注意的，寂寂地开了，又寂寂地谢了，就算度了他们的芳春。偏偏那位二奶奶寻着他们，非常地欣赏，心里如得了宝贝似的，只是突突地跳。伊端相了一会，拣着半开和全开的采了十几朵，花枝上尖利的刺触着伊的手指，伊感觉细碎的痛，这实非容易的工作。这一把花又怎么拿回去呢？需要的心过于切迫，伊就不管那些，拿着回到自己的门前立等。不一会，邻家那佣妇从市上买了东西归来，伊就迎上去央求伊道，"这一把花请你带给你们阿观，让他供在瓶里玩着吧。我刻刻记念他，没有别的东西可以引他欢喜，这个花还白还干净。"伊自觉有满腔的相思话要向伊倾吐，因伊或者可以转达给他，但是说出来时，仅仅是这样浮浅的两句，再要增加一字竟想不出了。

伊不料那佣妇发出个可惊可喜的回答，使伊几乎不自信自己的耳朵，更疑己身是在迷乱颠倒的睡梦里。那佣妇极随便的样子说道，"你记念他，何不跟我去看看他？"这是伊全然不曾希冀的，竟是可能的么？突然的兴奋和过分的快慰充满伊的脑海，更不思量别的，只移动两足，跟着那佣妇走进几天来怅望的墙门里。

这是一间光明洁净的儿童室：玻璃橱里陈着洋娃娃和小猎狗等玩具，桌子和椅子都是小样而精致；瓶里插着绚红的玫瑰花，衬以许多鲜嫩的绿草；墙上彩色画都是些天真的孩童；一张洁白的小床安放在室中，略偏于后方，那孩子睡在床上，他的母亲坐在床沿陪着他。伊是个活泼而和婉的女子，不是笑脸庞上也含着笑的表情，现在因为儿子生了病，忧愁和疲倦使伊的眼眶略为低陷，脸色也微微带些惨白。

孩子的母亲听了佣妇的述说，便向二奶奶道，"我很感激你，常常带着小儿玩耍，还买东西给他。他病了，你刻刻记念着他，更见你爱他的真挚的心。他现在是好了，你看，不过没有以前那么肥美了。"伊说着，抱他在怀里，意思是教二奶奶看。

二奶奶默默地不开口，也不看伊所入的是怎样光明洁净的一间房间，更不审视伊的邻居是怎样一个人，伊那如受电磁力吸引的两眼早已从床上寻见了他。他红润的脸色几乎全退了，眼睛似乎大了些，不十分有神，皮肤也宽弛了许多；他躺着，一手玩弄那被角。伊就有一种不可名状的怅惜的心感觉着，虽然这一回见面足以安慰伊多日的相思。这一种心萦绕不去，伊就不能再想别的，孩子的母亲的话也没有听清楚；及见伊抱起孩子示己，知道教己看了，急忙之际，便随口说道，"这一把花我给他的。"那母亲非常感激，笑着谢道，"这一定使他喜欢，他的喜欢便是你我的快慰。请你插在瓶里和玫瑰一起供着吧。"

荼蘼花插入了花瓶，二奶奶的心灵就好像留居此室。伊本欲托于花儿的笑靥安慰孩子的小灵魂，使他回复以前的肥美，活泼，快乐……现在是如愿了。

孩子睡在母亲的怀里，小手弄伊的嘴唇，嘻嘻的笑容依然是天真而可爱。母亲吻着他的两颐，微微合眼，表出静穆深挚的爱。他小臂举起，钩住伊的头颈，他们俩互相抱着，默默地歇了一会，伊唱道，"你是我的心！你是我的心！"声音清婉而微颤。他也学着唱道，"你是我的心！你是我的心！"

二奶奶坐在旁边看得呆了，全身像偶像一般，连眼皮也不动一动。然而伊比以前更了解了，彻底地了解了，这就是所谓"爱"，自己也曾亲切地尝过的。更看四围，何等地光明，何等地洁净，而己身就在这光明和洁净里。

1921年4月19日写毕

一　课

　　上课的钟声叫他随着许多同学走进教室里，这个他是习惯了，不用思虑，纯由两条腿做主宰。他是个活动的孩子，两颗乌黑的眼珠流转不停，表示他在那里不绝地想他爱想的念头。他手里拿着一个盛烟卷的小匣子，里面有几页嫩绿的桑叶，有许多细小而灰白色的蚕附着在上面呢。他不将匣子摆在书桌上，两个膝盖便是他的第二张桌子。他开了匣盖眼睛极自然地俯视，心魂便随着眼睛加入小蚕的群里，仿佛他也是一条小蚕：他踏在光洁鲜绿的地毯上，尝那甘美香嫩的食品，何等地快乐！那些同伴极和气的样子，穿了灰白色的舞衣，做各种婉娈优美的舞蹈，何等地可亲！

　　许多同学，也有和他同一情形，看匣子里的小生命的；也有彼此笑语，忘形而发出大声的；也有离了坐位，起来徘徊眺望的。总之，全室的儿童没有一个不动，没有一个不专注心灵于一件事。倘若有大绘画家，大音乐家，大文学家，或用彩色，或用声音，或用文字，把他们此刻的心灵表现出来，没有不成绝妙的艺术，而且可以统用一个题目，叫做"动的生命"。然而他哪里觉知环绕他的是这么一种现象，而自己也是动的生命的一个呢？他自己是变更了，不是他平日的自己，只是一条小蚕。

冷峻的面容，沉重的脚步声，一阵杂乱的脚声，触着桌椅的声，身躯轻轻地移动声，忽然全归于寂静，那些接触于他的耳目，使他由小蚕回复到自己。他看见那位方先生——教理科的——来了，才极随便地从抽屉中取出一本完整洁白的理科教科书，摊在书桌上。那个储藏着小生命的匣子，现在是不能拿在手中了。他乘抽屉没有关上，便极敏捷地将匣子放在里面。这等动作，他有积年的经验，所以决不会使别人觉察。

他手里不拿什么东西了，他连绵的深沉的思虑却开始了。他预算摘得的嫩桑叶可以供给那些小蚕吃到明天。便想，"明天必得要去采，同王复一伙儿去采。"他立时想起了卢元，他的最亲爱的小友，和王复一样，平时他们三个一同出进，一同玩耍，连一歌一笑都互相应和。他想，"那位陆先生为什么定要卢元买这本英文书？他和我合用一本书，而且考问的时候他都能答得出来，那就好了。"

一种严重高响的语音振动着室内的空气，传散开来，"天空的星，分做两种：位置固定，并且能够发光的，叫做恒星；旋转不定，又不能发光的，叫做行星……"

这语音虽然高响，送到他的耳官里便化而为低微——距离是非常接近呢。只有模模糊糊断断续续的几个声音"星……恒星……光……行星"他可以听见。他也不想听明白那些，只继续他的沉思。"先生越要他买，他只是答应，略微颠一颠头，偏偏不买。我也曾劝他，'你买了吧，省得陆先生天天寻着你发怒，'他也只颠一颠头。那一天陆先生的话真使我不懂，什么叫做'没有书求什么学'？什么叫做

'不配'？我从未见卢元动过怒，他听到这几句话的时候却怒了。他的面庞红得像醉人，发鬓的近旁青筋胀了起来，眼睛里淌下泪来。他挺直了身躯，很响地说，'我没有书，不配在这里求学，我明白了！但是我还是要求学，世界上总有一个容许我求学的地方！'当时大家都呆了，陆先生也呆了。"

"……轨道……不会差错……周而复始……地球"那些语音又轻轻地激动他的鼓膜。

"不料他竟实行了他的话。明天他就没有来，一连几天没有来。我到他家里去看他，他的母亲说他跟了一个亲戚到上海去了。我不知道他现在做什么？他为什么肯离开他的母亲？"他这么想，回头望卢元的书桌，上面积着薄薄的一层灰尘，还有几个纸团儿，几页干枯的小桑叶，是别的同学随手丢在那里的。

他又从干桑叶想到明天要去采桑，"我明天一早起来，看了王复，采了桑，畅畅地游玩一会，然后到校，大约还不至烦级任先生在缺席簿上我的名字底下做个符号。但是哪里去采呢？乱砖墙旁桑树上的叶小而薄，不好。还是眠羊泾旁的桑叶好。我们一准到那里去采。那条眠羊泾可爱呀！"

"……热的泉源……动植物……生活……没有他……试想……怎样？"方先生讲得非常得意，冷峻的面庞现出不自然的笑，那"怎样"两字说得何等地摇曳尽致。停了一会，有几个学生发出不经意的游戏的回答，"死了！""活不成了！""他是我们的大火炉！"语音杂乱，室内的空气微觉激荡，不稳定。

他才四顾室内，知先生在那里发问，就跟着他人随便说了一句"活不成了！"他的心却仍在那条眠羊泾。"一条小船，在泾上慢慢地划着，这一定是神仙的乐趣。那一天可巧逢到一条没人的小船停在那里，我们跳上船去，撑动篙子，碧绿的两岸就摇摇地向后移动，我们都拍手欢呼。我看见船舷旁一群小鱼钻来钻去，活动得像梭子一般，便伸手下去一把，却捉住了水草，那些鱼儿不知哪里去了。卢元也学着我伸下手去，落水重了些，溅得我满脸的水。这个引得大家都笑起来，说我是个冒雨的失败的渔夫。最不幸的是在这个当儿看见级任先生在岸上匆匆地走来。他赶到我们船旁，勉强露出笑容，叫我们好好儿上岸吧。我们全身的，从头发以至脚趾里的兴致都消灭了，就移船近岸，一个一个跨上去。不好了！我们一跨上岸他的面容就变了。他责备我们不该看得生命这么轻；又责备我们不懂危险，竟和危险去亲近。我们……"

"……北极……南极……轴……"梦幻似的声音有时使他约略听见。忽然有繁杂的细语声打断了他的沉思。他看许多同学都望着右面的窗，轻轻地指点告语。他跟着他们望去，见一个白的蝴蝶飞舞窗外，两翅鼓动得极快，全身几乎成为圆形。一会儿那蝴蝶扑到玻璃上，似乎要飞进来的样子，但是和玻璃碰着，身体向后倒退，逐落了些翅上的白鳞粉。他就想，"那蝴蝶飞不进来了！这一间宽大冷静的屋子里，倘若放许多蝴蝶进来，白的，黄的，斑斓的都有，飞满一屋，倒也好玩，坐在这里才觉得有趣。我们何不开了窗放他进来。"他这么想，嘴里不知不觉地说出"开窗！"两字来。就有几个同学和他唱同调，也极自然地吐露出"开窗！"两个字。

方先生梦幻似的声音忽然全灭，严厉的面容对着全室的学生，居然聚集了他们的注意力，使他们弃去那蝴蝶。方先生才斥责道，"一个蝴蝶，有什么好看！让他在那里飞就是了。我们且讲那经度……距离……多少度。"

以下的话，他又听不清楚了。他俯首假做看书，却偷眼看窗外的蝴蝶。哪知那蝴蝶早已退出了他眼光以外。他立时起了深密的相思，"那蝴蝶不知道哪里去了？倘若飞到小桥旁的田里，那里有刚开的深紫的豆花，发出清美的香气，可以陪伴他在风里飞舞。他倘若沿着眠羊泾再往前飞，一棵临溪的杨树下正开着一丛野蔷薇，在那里可以得到甘甜的蜜。又不知他还来这里望我么？"他只是望着右面的窗，等待那倦游归来的蝴蝶。梦幻似的声音，一室内的人物，于他都无所觉。时间的脚步本来是幽默的，不断如流地过去，更不能使他有一些儿辨知。

窗外的树经风力吹着，似乎颠头似乎招手的样子舞动，那种鲜绿的舞衣，优美的姿势，竟转移了他心的深处的相思。那些树还似乎正唱一种甜美催眠的歌，使他全身软软的，感到不可说的舒适。他更听得小鸟复音的合唱，蜂儿沉着而低微的祈祷。忽然一种怀疑——人类普遍的玄秘的怀疑——侵入他的心里，"空气传声音，先生讲过了，但是声音是什么？空气传了声音来，我的耳朵又何以能听得见？"

他便想到一个大玻璃球，里面有一只可爱的小钟。"陈列室里那个东西，先生说是试验空气传声的道理的；用抽气机把里面的空气抽去了，即将球摇动，使钟杵动荡，也不会听见小钟的声音。这个不知道可真是这样？抽气机我也看见，两片圆玻璃装在木架子上，但是不曾见他怎样抽空气。先生总对我们说，'一切仪器不要将手去触着，只许用眼睛看！'眼睛怎能代替两耳，看出声音的道理来？"

他不再往下想，只凝神听窗外自然的音乐，那种醉心的快感，决不是平时听到风琴发出滞重单调的声音的时候所能感到的。每天放学的时候，他常常走到野里领受自然的恩惠。他和自然原已纠结牢固了，那人为的风琴哪有这等吸引力去解开他们的纠结呢？

"……"他没有一切思虑，情绪……他的境遇不可说。

室内动的生命重又表现出外显的活动来，豪放快活的歌声告诉他已退了课。他急急开抽屉，取出那小匣子来，看他的伴侣。小蚕也是自然啊！所以他仍和自然牢固地纠结着。

1921年4月30日写毕